W0300099

Detlev Arens

Kulturführer Drachenfels

Geschichte – Mythos – Attraktion

REGIONALIA
VERLAG

Detlev Arens
Kulturführer Drachenfels. Geschichte – Mythos – Attraktion
© 2015 Regionalia Verlag GmbH, Rheinbach
Alle Rechte vorbehalten.

Einbandgestaltung: Handverlesen GbR, Bonn
Lektorat, Korrektorat, Layout und Satz: Handverlesen GbR, Bonn

Abbildungen auf dem Einband: siehe Bildnachweis am Ende des Buches

Printed in Italy
ISBN 978-3-95540-187-0
www.regionalia-verlag.de

Der Drachenfels

Statt eines Autorenporträts: die Mutter des Verfassers mit seinen Großeltern in einem Fotoatelier am Drachenfels (um 1923)

Inhalt

Das Plateau oder der »neue« Drachenfels

Sonntag, 2. Juni 2013. Sogar das Wetter spielte mit, passend zum Ereignis herrschte »strahlender Sonnenschein«. Der Drachenfels selbst hatte sich ohnehin nicht lumpen lassen und »erstrahlte im neuen Glanz«. So jedenfalls las es sich am Tag danach (obgleich die abgegriffene Formulierung sowohl den Glanz als auch die Neuheit dementierte).

Das Datum aber steht für den jüngsten markanten Einschnitt in der Geschichte dieses geschichtsträchtigen Berges. Wie üblich hatten die Arbeiten länger gedauert als geplant, wie üblich war der Kostenrahmen gesprengt worden, aber das war an diesem Sonntag höchstens in Form eines Hintergrundmurrens gegenwärtig. Die Zahnradbahn fuhr pausenlos und ein langer Zug von Enthusiasten gab dem Drachenfelsplateau zu Fuß die Ehre.

Wer aus der Bahn steigt, den empfängt zunächst die Kolonnade aus Weißbeton. Längs der südlichen Felskante gibt sie dem Ausblick auf Siebengebirge und Rhein etwas Feierliches, vielleicht sogar ein gewisses Pathos. So verbinden sich Architektur und Landschaft, so gewinnt die Leitidee für den neuen Drachenfels schon beim Aufgang Gestalt.

Oben angekommen, gilt die Neugier des Besuchers zuerst dem neuen Bauwerk. Nur zur Erinnerung: Unterhalb des Gipfels mit seiner Burgruine hatte sich in den 1970er-Jahren ein Bauwerk ebenso hoch- wie breitgemacht, das schnell als größtes Ärgernis am Drachenfels galt. Weithin sichtbar verkörperte seine Waschbeton-Tristesse den denkbar größten Widerspruch zum Drachenfels als Ikone der Rheinromantik. Ganz abgesehen davon, dass es den schlichten, aber redlichen Hotelbau aus den 1930er-Jahren zum bloßen Anhängsel degradiert hatte.

An die Stelle seiner schummrigen Verschlossenheit tritt nun die programmatische Lichtfülle und Offenheit eines Glaskubus. Er nimmt die Weite des Plateaus und die Aussicht aufs Rheintal in den Innenraum hinein. Auch seine Architektur entspricht den Vorgaben für die gesamte Anlage, wie sie im schönsten Planerdeutsch festgelegt worden waren: »Neudefinition und -gestaltung

Das neue
Drachenfelsplateau

des öffentlichen Raumes auf dem Drachenfelsplateau und Wiederherstellung der Sichtbeziehungen auf den Drachenfels, in das Siebengebirge und in das Rheintal.«

Der größte Gewinn liegt denn auch im Plateau selbst. Seinen leichten Anstieg untergliedern großzügige Sitzstufen quer zum Hang. Zwar erreichen sie ihre Normhöhe erst allmählich und leicht gerät auf ihnen ins Stolpern, wer seinen Blick zu sehr auf das spektakuläre Panorama fixiert. Doch lässt es sich hier zwanglos (also auch ohne Verzehrzwang) beieinander sitzen; dieses Plateau bietet Raum, um die heitere Atmosphäre der Gegend auf sich wirken zu lassen. Das heißt auch: kein Gedränge an der Brüstung mehr, kein unleidliches Schnauben eines der freien Sicht beraubten Hintermannes. Der Blick ins Rheintal lässt sich hier in vollen Zügen – und auf Wunsch auch bei vollem Glas – genießen.

Denn: Zum Drachenfels gehört der Ausblick, den er bietet. Und diesen erschließt das neue Plateau in bislang ungewohnter Offenheit, es gibt wirklich den Blick frei: aufs Rheintal samt dem Rolandsbogen gegenüber, auf das Siebengebirge – eben auf ein hinreißendes Stück Naturtheater.

Blick auf den Drachenfels und das neue Plateau aus der Vogelperspektive

Berg und Beben – der Drachenfels als Vulkanruine

In unseren Tagen ist die Verortung des Siebengebirges »am rechten Rheinufer« korrekt. Aber als hier die Erde bebte, gab es den heutigen Rhein noch gar nicht, von unsereinem ganz zu schweigen. Und von vornherein ist der Drachenfels als Vulkan eigentlich ein unvollendeter ...

Jahrmillionen sind für Geologen eine überschaubare Größe. Wenn in solchen Zeiträumen gerechnet wird, liegt die Entstehung des Siebengebirges gar nicht einmal so weit zurück.

Die Geologen konnten auch rekonstruieren, dass den Ausbrüchen hier ein Einbruch vorausgegangen war. Vor rund 30 Millionen Jahren begann dieser dramatische Absenkungsprozess und gab der damaligen Nordsee Gelegenheit, weit nach Südosten vorzudringen; ihre Wellen schlugen zu jener Zeit beim heutigen Bonn an den Strand. Die Einbruchzone trägt den Namen Niederrheinische Bucht und ragt wie ein Keil ins Schiefergebirge hinein. Auch auf den aktuellen Kartenbildern ist der Unterschied von hoch und tief deutlich erkennbar.

Beim Absinken bildeten sich an der Grenze zum Gebirgssockel Risse, die weit ins Erdinnere hinabreichten. So konnte das Magma aus größeren Tiefen nach oben steigen und so begannen vor etwa 27 Millionen Jahren die Eruptionen.

Nun steht der Drachenfels ja nicht etwa allein, rund 40 ehemalige Vulkane (und keineswegs sieben) lassen sich im Siebengebirge ausmachen. Der Vulkanismus gab der damaligen Landschaft ein neues Gesicht. Möglicherweise zunächst ein recht eintöniges. In der ersten Ausbruchsphase ging es höchst explosiv zu: Mit enormer Schleuderkraft wurden ungeheure Mengen Asche und Tuff ausgestoßen, selbst Partikel des (wesentlich älteren) Grundgebirges wurden mitgerissen. Auf einer Fläche von etwa 100 Quadratkilometern verschwand das Land jetzt unter der gewaltigen Decke. Ihre Mächtigkeit wird auf 100 bis 250 Meter geschätzt.

Die Tuffdecke verfestigte sich, wurde zu Gestein. Das allerdings war ziemlich weich und hatte der Erosion wenig entgegenzuset-

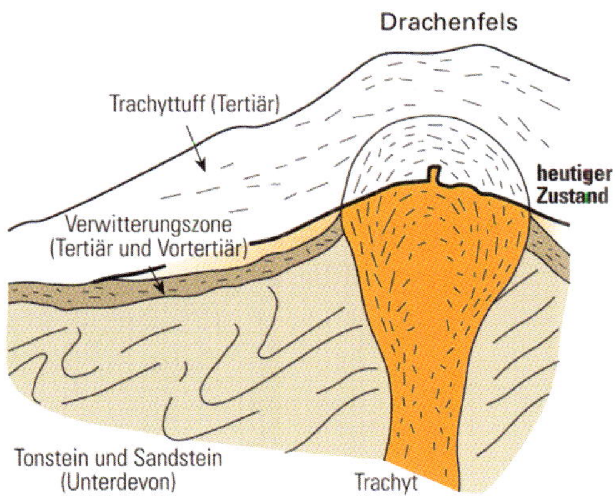

Der Drachenfels-Vulkan und seine Entstehungsgeschichte

zen. Dennoch wurde der Tuff nicht völlig abgetragen, an manchen Stellen blieb er bis heute erhalten, etwa im Nachtigallental an der rheinabgewandten Seite des Drachenfels. Die Reste tragen viel dazu bei, Aufschlüsse über das vulkanische Geschehen in seiner zeitlichen Abfolge zu geben.

So ließ sich inzwischen nachweisen, dass es zwei Tuffausstöße gab. Der spätere setzte nach dem Ausbruch des Drachenfels-Vulkans ein. Ihm folgte vor etwa 25 Millionen Jahren eine Eruptionsphase, in der nun schwerere Gesteinsschmelzen aufstiegen, das sogenannte Magma. Anfänglich förderten die Schlote Trachyt, danach Latit und zuletzt Basalt als zähplastische bis -flüssige Massen.

Beim Aufstieg hatte das Magma basaltisches Gepräge, die Teilumwandlung in Trachyt und Latit erfolgte auf dem Weg vom Erdmantel an die Oberfläche. In einer Kammer der Erdkruste kam es zu einem Zwischenstopp, dort brachten die hohen Temperaturen auch Nebengestein zum Schmelzen. Deshalb zeichnet sich das Siebengebirge insgesamt durch die Vielfalt seiner vulkanischen Gesteine aus. Sie unterscheiden sich vor allem durch ihren höheren Quarzanteil. Am höchsten ist dieser beim Trachyt, der sich im obersten Bereich der Magmenkammer bildete. Nach unten, also zur basaltischen Schmelze hin, nimmt der Quarzanteil deutlich ab. Dem Trachyt folgten der Latit, aus dem etwa der Nachbarberg Wolkenburg besteht, und zuletzt der Basalt, dessen Säulen im Steinbruch Rabenley spektakulär aufgeschlossen sind.

Doch bleiben wir beim Drachenfels. Er besteht aus Trachyt, dessen zuoberst gelegene Schmelze auch zuerst gefördert wurde. Einen wirklichen Ausbruch verhinderte damals allerdings die Tuffdecke. Anders gesagt, der Ausbruch war nicht heftig genug,

Drachenfelstrachyt mit Sanidintäfelchen

um die hohe Auflage zu durchstoßen. Die vulkanische Masse quoll im Inneren des Tuffs auf und erkaltete.

Da der Trachyt jedoch das festere Gestein ist, konnte er nachträglich doch noch zutage treten. Die Erosion, hauptsächlich der Angriff von Wind und Wasser, ließ die Tuffdecken zum großen Teil verschwinden. So wurde im Laufe von Jahrmillionen der heutige Drachenfels herausgeschält.

Allerdings kam auch er nicht »ungeschoren« davon. Trachyt ist ein relativ poröses Gestein, das seinem Abtrag weniger Widerstand leistet als beispielsweise der Basalt. Hätte die Erosion den Drachenfels verschont, wäre er heute etwa 80 Meter höher, also rund 400 Meter hoch. Damit wäre das Erscheinungsbild einer Quellkuppe erhalten geblieben, so aber konnten es die Geologen nur durch ihre Recherchen erschließen.

Dass sich eine solche Rekonstruktion überhaupt anstellen lässt, liegt an den markanten Einschlüssen im Gestein. Die Sanidine bilden hier kleine, kompakte Tafeln im dichten Trachyt. Sie kamen aus einem unteren Bereich der Magmenkammer und bilden in ihrer Anordnung den Fluss der Schmelze ab. Dadurch lässt sich das Aussehen der ursprünglichen Quellkuppe bestimmen.

Wer vom Drachenfels spricht, darf vom Rhein nicht schweigen. Lange bevor er als Transportweg für das Gestein diente, wirkte der Strom am Entstehen des charakteristischen Bergrofils kräftig mit. Vor 20 Millionen Jahren hatte sich eine deutliche Senke vom Mainzer Becken bis zur Niederrheinischen Bucht gebildet und dem Strom seinen Weg vorgezeichnet.

Als sich vor 800 000 Jahren das umgebende Rheinische Schiefergebirge zunehmend hob, grub sich der Rhein schubweise immer weiter ins Gestein hinein. Dabei schnitt er den Drachenfels direkt an. Der Trachyt war hier dem Wind und Wetter besonders ausgesetzt und deshalb extrem spröde. In sich gewinnen Hänge erst dann eine gewisse Stabilität, wenn ihr Böschungswinkel nur mäßig geneigt ist. Diese Tendenz zu einem flacheren Hang würde natürliche Bergstürze zum Strom hin erklären. Sie könnten schon damals den Weg für den späteren Abtransport des Trachyts vorgezeichnet haben.

Der nächste wichtige Abschnitt für die Naturgeschichte des Berges ist die sogenannte Eiszeit, die vor 550 000 Jahren begann. Der Wechsel von Kälte- und Wärmephasen führte zu tiefen Eingriffen in den Drachenfelstrachyt. Wo Wasser eingedrungen war, wirkte Frost als Sprengmeister. Merke: Es müssen nicht ausschließlich die menschlichen Aktivitäten sein, die zur Lockerung des Gesteins führen. Wo der Fels offen liegt, ist immer mit Schäden zu rechnen.

Der Bruder-Vulkan: Drachenburg

Er besaß einst einen Gipfel, aber diesen verlor er schon vor langer Zeit. Und weil ihm die augenfällige Eigenständigkeit fehlt, hat er keinen Namen, wurde nur behelfsmäßig »Drachenburg« benannt, nach dem dort befindlichen Schloss. Doch was wie der lang gezogene Anstieg zum Drachenfels aussieht, war einst selbst einmal ein Vulkan.

Sein Magma hatte sich in der Tiefe vom größeren Drachenfelsschlot abgespalten und einen eigenen Weg ins Freie gesucht. Wie die Schmelze weiter südlich war es zunächst in der Decke aus Trachyttuff stecken geblieben. Das Gestein über diesem Ausgang hatte sich allerdings nie so hoch aufgewölbt wie bei seinem Pendant rheinaufwärts.

Auch der Drachenburgtrachyt war später freigelegt worden und den aggressiven Eiszeiterosionen ausgesetzt gewesen. Das Felsenmeer im Park von Schloss Drachenburg entstand durch Frostsprengung. Ein Übriges tat der Rhein. Vor rund 800 000 Jahren floss er hier auf der (älteren) Hauptterrasse, die im Vergleich zu seinem heutigen Bett viel höher lag. Die Fläche des Drachenburggesteins hatte er binnen Kurzem vollständig eingeebnet.

Unter dem Wechsel von Kalt- und Warmphasen hatte sich der Trachyttuff in schlüpfrigen Ton verwandelt, der die Trachytbrocken darüber ins Gleiten geraten ließ. So entstand zunächst der »Rüdenet-Blockstrom«. Im Felsenmeer darüber und am Rüdenet, der auf halbem Weg zwischen Schloss Drachenburg und dem Rhein liegt, gewannen schon die Römer den Trachyt. Die Natur hatte ihnen hier einen Teil der Arbeit abgenommen: Sie hatte sowohl das Gestein vorzerlegt als auch den Transportweg zum Strom hin verkürzt.

Im letzten Stadium erreichte die Gesteinsmasse das damalige Rheinufer. Dort kam sie zum Stehen und zerfloss fächerförmig. Wie am Drachenfels zeichneten also natürliche Prozesse die Schneise vor, die zur Anlage einer Steinrutsche einluden.

Belebte Natur

Wie die zahlreichen Bildzeugnisse den (rheinseitigen) Drachenfels darstellen, sollte nicht für bare Münze genommen werden. Die Maler und Kupferstecher erlaubten sich manche Freiheit, zum Beispiel überhöhten sie die Berge im wörtlichen und

Der frühe Merianstich vom Drachenfels mit der Wolkenburg im Hintergrund und einer Steinrutsche von barockem Pathos (1618/19)

übertragenen Sinn. Aber bei einem Vergleich fällt doch auf, dass sich der gemalte Drachenfels in Richtung 19. Jahrhundert immer mehr begrünt. Diese Tendenz dürfte den realen Verhältnissen entsprechen. Wo die Arbeiten am Drachenfels ruhten, konnte die Natur zurückkehren; auch heute ist manche Abbaustelle unter dem Laub der Bäume oder Sträucher verborgen. Sollte die natürliche Sukzession dort tatsächlich alle Stadien durchlaufen können, wird sie beim Wald ankommen. Ein »Ur-Wald« im Wortsinn wird das dann allerdings nicht mehr sein.

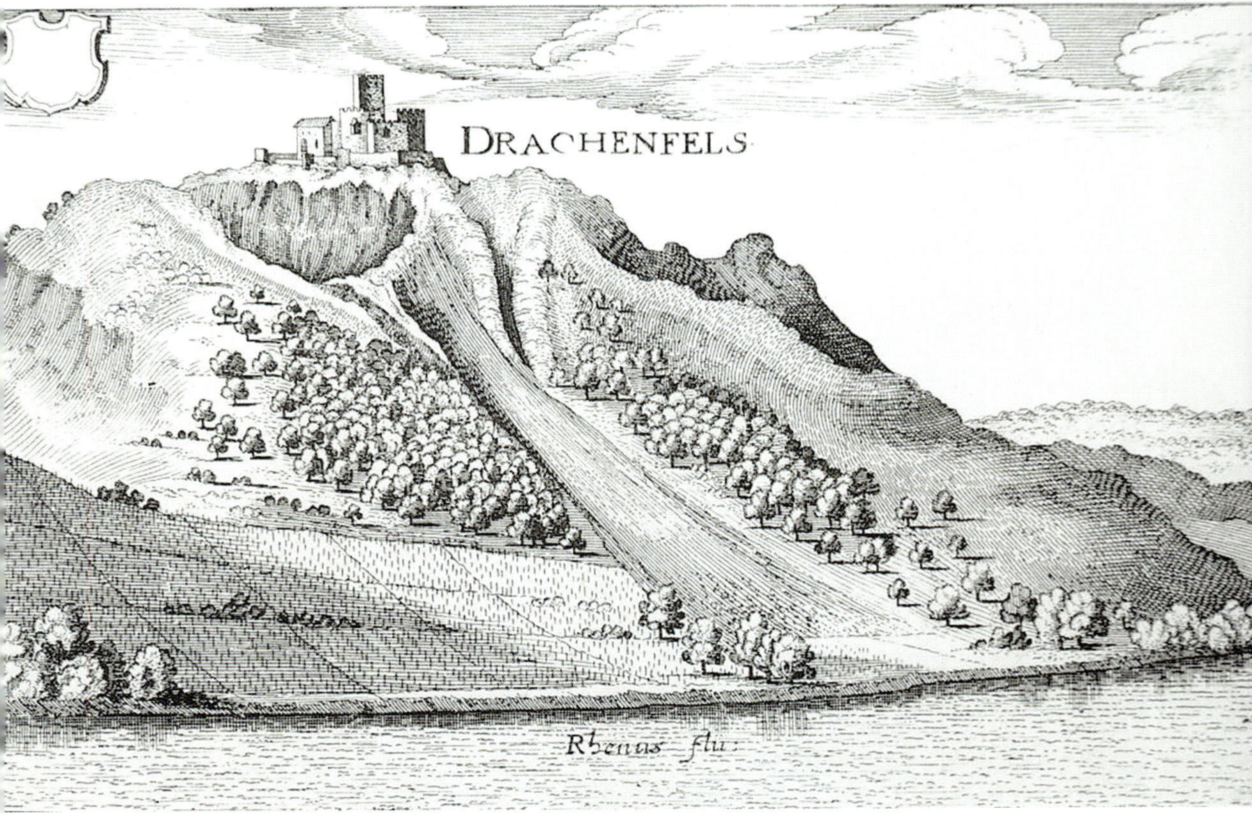

Ein späterer Merianstich vom Drachenfels (1646) aus der *Topographia archiepiscopatum Moguntiensis, Trevirensis et Coloniensis*

Bemerkungen zu Flora und Fauna

Der nebenstehende Merianstich – ein Werk des Kupferstechers Matthäus Merian aus dem Jahr 1646 – zeigt einen fast kahlen rheinseitigen Hang. Auch diese Abbildung legt nahe, dass hier und heute von ursprünglicher Vegetation kaum die Rede sein kann. Doch gerade die sonnseitigen Felspartien mit ihrem ganz eigenen Kleinklima haben den ein oder anderen Naturschatz zu bieten.

Aus der Luft betrachtet dominieren jedoch die Wipfel. Auf der »Landseite« des Drachenfels, also nach Osten hin, gibt es noch einige Ecken mit nicht heimischen Nadelhölzern. Soweit das Siebengebirge »Wildnisgebiet« ist, sollen sie ganz verschwinden. Und wer Rhöndorf als Basislager für seinen Gipfelsturm wählt, wird ohnehin nur auf wenige Koniferen treffen.

Am Fuß des Berges gibt die Eiche eindeutig den Ton an. In diesen Höhen würde sie auch von Natur aus das Waldbild prägen, besonders die Traubeneiche kommt mit trockenen Böden gut zurecht. Weiter oben tritt die Hainbuche verstärkt hinzu. Anders als ihr Name vermuten lässt, ist sie keine Buchenart, sondern eine Birkenverwandte. Hainbuchen haben im Vergleich zu Eichen den niedrigeren Wuchs, ihre Kronen bilden sozusagen die untere Baumetage.

Ilex oder Stechpalme

Eichen-Hainbuchenwälder werden als natürliche Pflanzengesellschaft geführt. Aber Wälder dieses Typs sind so gut wie immer, also keineswegs nur am Drachenfels, durch Nutzung zumindest stark beeinflusst.

Weiter oben fasst auch die richtige Buche stärker Fuß. Nur tritt diese »Mutter des Waldes« ihre Vorherrschaft gewöhnlich erst ab etwa 350 Metern an, also einer Höhe, die der Drachenfels nicht erreicht. Gelegentlich bereichern Winterlinde, Vogelkirsche, Feld- oder Bergahorn das Waldbild. Als auffälliges Gehölz tritt der immergrüne Ilex hinzu, nach den gezackten Blatträndern auch Stechpalme genannt.

Im Bereich des Weinbergs und der Felspartien behaupten sich Pflanzen, die große, ja extreme Wärme ertragen. Wenn hier noch Eichen wachsen, zeigen sie oft Krüppelwuchs, der charakteristische Strauch ist die Gewöhnliche oder Felsen-Zwergmispel. Züchtungen der Art finden sich öfter als Ziergehölze in den Gärten, aber an Klippen wie diesen haben sie ihren natürlichen Standort.

Trocken-steinige Böden sind das Terrain der Weißen und der Felsen-Fetthenne. Beide Arten speichern in ihren Blättern Wasser und können so längere Trockenperioden überdauern. Das Glänzen ihres prall gefüllten Laubs erklärt das Element »Fett« im Namen. Die Felsen-Fetthenne heißt volkstümlich Tripmadam. Das auch außerhalb des deutschen Sprachraums verbreitete Wort lässt sich zwar ins Französische zurückverfolgen, aber nicht erklären. Die Felsen-Fetthenne war früher ein beliebtes Würzkraut im Salat und wurde sogar angebaut.

Sicherheitshalber soll gesagt sein, dass die selteneren Pflanzen an recht unzugänglichen Stellen blühen und sich waghalsige Klettertouren in einem Naturschutzgebiet von selbst verbieten. Wer die älteren Florenlisten vom Drachenfels mit den aktuellen vergleicht, wird mit der Nase auf den Verlust gerade an raren Arten gestoßen.

Die Goldaster mit ihren kleinen, dafür zahlreichen Blütenköpfen hat sich jedoch halten können. Im Westen der Republik stößt sie hier am weitesten nach Norden vor. Ein kleines Vorkommen der Pfingstnelke findet sich auf diesen Klippen ebenfalls. Während ihre nahen Verwandten, die Kartäuser- oder Heidenelke, mit einem kräftigen Blütenpink aufwarten, bleibt die Pfingstnelke eher blass, genauer blassrosa. Die Art trägt den extremen Temperaturunterschieden am nackten Fels auch dadurch Rech-

Im Frühling bildet der Hohle Lerchensporn
am landseitigen Drachenfels eindrucksvolle Blütentepp che

Überm Eselsweg festgekrallt:
die Felsen-Sand-Schaumkresse

nung, dass sie oft Polster bildet. Hoch reicht auch ihr Blütenstängel nicht hinauf, doch im Auge des Betrachters trägt gerade der niedrige Wuchs zu ihrer Anmut bei.

Die größte grüne Seltenheit am Drachenfels ist das Berg-Steinkraut. Das Kreuzblütengewächs hat hierzulande einen schweren Stand, die Roten Listen der Bundesrepublik nennen es »stark gefährdet«. Es blüht früh, oft schon Ende März, und kräftig gelb. Am Drachenfels dringt diese südliche, wärmeliebende Art weit nach Norden vor. Ihre zeitige, farbintensive Blüte hat die Züchter zu der Kreation noch spektakulärerer Formen angeregt, sie werden in den Gartencentern als Berggold verkauft.

Doch wie bereits erwähnt ist die Liste der Pflanzen, die einst am Drachenfels wuchsen, aber heute verschwunden sind, leider recht lang. Das Gleiche lässt sich von den tierischen Bewohnern sagen. Ob sich allerdings die prächtige Smaragdeidechse je wirklich auf seinen Klippen getummelt hat, muss trotz entsprechender Vermerke in der Literatur bezweifelt werden. Dafür lebt hier auch heute noch die Mauereidechse, die in den Gesteinsrissen Unterschlupf findet und als Jungtier sogar die kleineren Öffnungen der Weinbergsmauern nutzt. Viele Vorkommen der gewandten Kletterin sind in letzter Zeit erloschen, deshalb führen die Roten Listen sie als »streng geschützt«.

Noch seltener ist die Zippammer, aber offensichtlich ist sie ist nach längerer Abwesenheit wieder an den Drachenfels zurückgekehrt. Vogelkundler geraten in helles

Große Kostbarkeit am rheinseitigen Drachenfelshang: das Berg-Steinkraut

Oben: Die Mauereidechse

Rechts: Singende Zippammer

Entzücken, wenn sie ihren Ruf vernehmen oder gar ein Exemplar sichten können. Und falls sie den grob laienhaften Einwurf, eine Zippammer sehe doch aus wie ein Spatz, nicht einfach mit Verachtung strafen, kontern sie auf ihn mit dem Hinweis auf das ganz unsperlingshafte Graublau von Kopf, Kehle und Vorderbrust, zu dem die auffälligen schwarzen Streifen etwa an den Augen treten.

Weinbau am Drachenfels

Anfang der 1970er-Jahre stand es Spitz auf Knopf. Gerade 5 Hektar Rebfläche wurden an den Siebengebirgshängen noch bearbeitet, die einzelnen Parzellen lagen weit verstreut.

Es drohte der Schlussstrich unter eine große Tradition, von der die Urkunden erstmals im Jahr 966 zeugen. Und vielleicht begann sie ja noch früher. Schließlich haben am Drachenfels schon die Römer ihre Spuren hinterlassen. Warum sollten sie nicht auch die ersten Reben an den rheinseitigen Siebengebirgshängen gepflanzt haben?

1978 ist das Jahr, ab dem der Weinbau wieder eine Zukunft hatte. Einmal mehr heißt das Zauberwort «Flurbereinigung». Von den drei hiesigen Weingütern bewirtschaften zwei im Bereich Königswinter/Rhöndorf 11,5 Hektar. Sie sind durch Wirtschaftswege erschlossen, die damals ebenfalls neu angelegt wurden. Ein besonderes Engagement verdient auch besondere Würdigung: Der Rhöndorfer Bürger- und Ortsverein richtete einen Lehrweinberg ein, um die Weinbaugeschichte der Region präsent zu halten.

Die Großlage hat ihren Namen vom »Petersberg«; »Drachenfels« werden die beiden Einzellagen in Königswinter und (Bad Honnef-)Rhöndorf genannt. Der Berg ist das Gesicht des Anbaugebiets und das größte Weingut des Landes Nordrhein-Westfalen an seinem Fuß ansässig. An den rheinseitigen Hängen wächst auf kleiner Fläche die erstaunliche Zahl von zehn weißen und zwei roten Rebsorten. Einen kleinen Werbeeffekt hat das Ausgangsgestein Trachyt. Man muss ja nicht gleich vom »Terroir« sprechen, aber doch von einem Standortfaktor, der nirgendwo sonst am Mittelrhein anzutreffen ist.

Als unterhalb des Siegfriedfelsens Steinschlag die Ernte gefährdete, fand sich eine »Lese-Guerilla«, die trotz behördlichen Verbots die Trauben aus dem Hang holte. Das war natürlich keine Dauerlösung und so gründete sich die Initiative »Rettet den Wein«. Das Bröckeln und Bröseln des Felsens lässt sich nicht aufhalten, aber doch das Gestein selbst. Fangzäune sollen den Steinschlag verhindern; um sie zu finanzieren, wirbt die Initiative um Spenden.

Zum Weinbau gehört die Weinbergflora, also eine kleine Pflanzenwelt, die den rebenbewachsenen Hängen als Krautschicht verbunden ist. Sie hat sich unbeabsichtigt eingestellt, ihre Arten sind meist in südlicheren Gefilden zu Hause. Dass sie sich

Rhöndorfer Weinbergslagen
am Drachenfels

Die Träubelhyazinthe mit ihrem leuchtenden Blau

zwischen den Rebzeilen halten konnte, erklärt sich neben den naturgegebenen Faktoren aus der ganz bestimmten Bearbeitung des Bodens. Aber auch hier ist es das alte Lied: Die moderne Bewirtschaftung hat viele Vorkommen verschwinden lassen. Am Drachenfels, wenn auch nur an einer einzigen Stelle, findet sich die Träubelhyazinthe, eine Zwiebelpflanze wie so viele Weinbaubegleiter. Anfang März zeigt sie das kräftige Blau ihres dichten Blütenstands.

Wenn die Träubelhyazinthe durch ihre Blüte auffällt, dann der Wermut dank seines Geruchs. Die äußerlich unscheinbare Beifußart steht historisch in Zusammenhang mit dem Weinbau. Sie diente früher zur Würze des Getränks, genauer gesagt dazu, die oft wenig schmackhaften Weine genießbarer zu machen. Wein ist auch bei dem Wermut im Spiel, der als Absinth eine zwielichtige Rolle in der Kulturgeschichte gespielt hat. Mit seiner (gift-)grünen Farbe war er die Kultspirituose der Décadence und scheint heute erneut in Mode zu kommen. Die aromatische Pflanze schützt sich vor der Sonne mit dem feinen Filz ihrer Blätter. Auch sie stammt aus dem Mittelmeerraum, wächst aber hierzulande in fast allen Weinanbaugebieten.

Burg- und Felsgeschichte(n)

Von der Antike bis ins 19. Jahrhundert

Die vertrautere Geschichte des Berges ist zunächst die Geschichte seines Gesteins. Im Fall des Rheinlands wird die Wendung »Schon die (alten) Römer« bis zum Überdruss strapaziert, aber hier hat sie zweifellos ihre Berechtigung. Bereits damals dürfte die Nähe des Berges zum Rhein den Ausschlag dafür gegeben haben, am Drachenfels Steine zu brechen. Antik verbauter Drachenfelstrachyt fand sich rheinaufwärts in Remagen, rheinabwärts etwa in Xanten und Nimwegen. So verwundert es nicht, dass durch die Literatur bis heute die Geschichte vom »Römerhafen Königswinter« geistert, den es jedoch nie gegeben hat ...

Erst 1147 setzt die schriftliche Überlieferung zum Drachenfels ein. Der Kölner Erzbischof Arnold von Wied (gest. 1156) teilt mit, dass er hier den Bau einer Burg zwar begonnen habe, ihn aber zu Lebzeiten nicht vollenden könne. Neben dem nüchternen Blick auf seinen Gesundheitszustand spielte dabei womöglich eine Rolle, dass die Burg für das Kölner Territorium weniger wichtig war, während die nahe, heute ganz verschwundene Wolkenburg den Grafen von Sayn und ihrer Löwenburg die Stirn bieten sollte. Sie und nicht der Drachenfels wurde später der Verwaltungsmittelpunkt eines Kölner Amts.

Gerhard von Are, Propst des Bonner Cassius-Stifts, erwarb die unfertige Feste, 1166 wurde sie vollendet. Noch aus Gerhards Zeit als Bauherr stammt der dreigeschossige Bergfried, dessen Ruine später einen so malerischen Akzent setzen sollte. Zum Verwalter bestimmte das Stift einen Ritter, 1176 findet sich erstmals ein »(Godard) de Drachenvels« in den Urkunden. Offenbar konnte sich dieses Geschlecht bald aus der Abhängigkeit vom Bonner Stift lösen, es stand nun unter der Lehnsherrschaft des Kölner Erzbischofs. 1225 wird ein Heinrich von Drachenfels als Burggraf erwähnt, im Wappen führen die Herren von Drachenfels einen silbernen Drachen auf rotem Grund.

Damit ist der Zeithorizont erreicht, unter dem es der Vulkanruine massiv an den

Trachyt ging. 1248 wurde der Grundstein zum gotischen Kölner Dom gelegt, 1267 die »Domkaule« erstmals erwähnt, das war der Steinbruch, den die Kölner Dombauhütte betrieb. Er lag hinter dem sogenannten Siegfriedfelsen im rheinseitigen Hangbereich und wurde im Jahr 1306 noch einmal erweitert.

Es gibt Hinweise darauf, dass sich die Burgherren bemühten, den Steinbruchbetrieb in Grenzen zu halten oder doch zu kontrollieren. Sie verdankten ihrem Felsen einen beachtlichen Reichtum, aber es lässt sich darüber spekulieren, ob sie ihre Stammburg noch als repräsentativen Herrensitz empfanden. Zwar erweiterten sie die Anlage im 14. Jahrhundert durch eine Niederburg. Doch konnten die Burggrafen bis etwa 1450 auf dem anderen Rheinufer eine eigene Herrschaft gründen – nach ihnen heißt die Gegend bis heute »Drachenfelser Ländchen«. Dort schafften sie sich mit der schon 1402 erworbenen Wasserburg Gudenau einen komfortableren Wohnsitz.

Um 1530 versiegte die Geldquelle Domkaule. Die Arbeiten an der Kölner Kathedrale kamen zum Stillstand, »wegen verdammter Ketzerei«, wie es im Brief eines Domherrn heißt. Noch etwa 100 Jahre lang wurden am Drachenfels Steine gebrochen. Ganz zum Erliegen kam der Betrieb wohl nicht, doch eine wirtschaftliche Größe war er nicht mehr. Die Bauherren und Baumeister des Barock mieden den hiesigen Trachyt ohnehin, eben weil er sich einer feineren Bearbeitung widersetzt.

Um 1530 – zur gleichen Zeit, als sich am Kölner Dom kaum noch eine Hand rührte – starb das Geschlecht derer von Drachenfels aus. Schon 1634 war die Burg Drachenfels wohl nur noch Ruine, nachdem sie zwei Jahre zuvor von den Schweden eingenommen worden war. Zusätzlich zog der Steinabbau ihre Überreste in Mitleidenschaft. Ohne seine Südwestecke, doch wunderbarerweise noch aufrechtstehend, überdauerte der Turm und ging in so manches Landschaftsgemälde ein.

Übrigens wurde vor einigen Jahren die Turmruine noch einmal gründlich untersucht. Dabei zeigte sich, dass die Burg entgegen dem Augenschein und der allgemeinen Übereinkunft mehr als Wohn- denn als Wehrbau gedient hatte (s. S. 92).

Ruine Drachenfels, alte Postkarte

Drachenfels und Landschaftsschutz

Im Interesse des Dombaues könnte ich es nur wünschen, dass so wie einst der Teufel den Baumeister vom Turme stürzte – er [es] auch mit der Ruine gemacht hätte oder doch noch tun wollte, da er bei ihrem wankelmütigen Stande auf einem gerissenen Felsstück keine große Mühe damit haben dürfte.

(Ernst Friedrich Zwirner, noch 1837)

Zu den spektakulären Exponaten des Königswinterer Siebengebirgsmuseums gehört es wahrhaftig nicht; von sich aus dürfte das Stück Papier mit deutlichen Gebrauchsspuren kaum die Aufmerksamkeit der Besucher auf sich ziehen. Es ist eine Eintrittskarte zum Drachenfels. Offenbar durfte damals nur auf das Plateau hinauf, wer vorher dafür bezahlt hatte. Und damit ist dieser Zettel ein zentrales Dokument der neueren Drachenfelsgeschichte ...

Eben erst hatten die hiesigen Steinhauer wieder Hoffnung geschöpft. Hoffnung geschöpft nach vielen Jahrzehnten, die sie fast »zu ihrem gänzlichen Verderb« geführt hatten. In der Franzosenzeit war nach einem Felssturz die völlige Einstellung des Betriebs verfügt worden. Nun aber war das

Ernst Friedrich Zwirner, Kölner Dombaumeister

Rheinland preußisch. Es zeichnete sich ab, dass der einst begehrte Trachyt wieder gefragt sein könnte.

In der Erkenntnis, dass nur gemeinsam die nötigen Investitionen aufgebracht und eine stärkere Marktmacht aufgebaut werden konnten, vereinigten sich die Königswinterer Steinmetzmeister zu einer »Gewerkschaft«. 1827 kaufte dieser Zusammenschluss den oberen Bereich des Drachenfels.

Der Kölner Dom sollte vollendet werden, nachdem die Arbeiten jahrhundertelang geruht hatten. Was lag da näher, als die Kathedrale mit dem angestammten Baumaterial fertigzustellen, also dem Drachenfelstrachyt? Im Kölner Dombaumeister Ernst Friedrich Zwirner hatte die Königswinterer Gewerkschaft einen starken Fürsprecher. Immer wieder betonte er, »dass das Drachenfelser Gestein für den Dombau am geeignetsten erscheint«.

Doch ganz abgesehen davon, dass manche Baufachleute generell an der Eignung des Drachenfelstrachyts zweifelten, war der Steinbruch ein Stein des Anstoßes. Eine erneute Aufnahme der Arbeiten dort hätte nichts weniger als das völlige Verschwinden der Burgruine bedeutet. Als in der Nacht vom 28. auf den 29. April 1828 tatsächlich Teile des maroden Bauwerks abstürzten, erließ die Provinzialregierung ein sofortiges Betriebsverbot.

Aber diese Verfügung war offenbar vorgeschoben. Die sogenannten einflussreichen Kreise, vor allem Kölner und Bonner Bürger, forderten, das Landschaftsbild mit Berg und Burg müsse unbedingt erhalten werden.

Eine nicht unwesentliche Rolle spielte dabei, dass der Drachenfels auch zum Kultort für die nationale Begeisterung wurde. Ein erstes Denkmal – ein Obeslisk – war hier am 18. Oktober 1814 errichtet worden, also am ersten Jahrestag der Völkerschlacht bei Leipzig. Dieser Obelisk zog zusätzlich Besucher an, unter ihnen auch den »Burschen« Heinrich Heine (s. S. 48 ff.).

Schon Kronprinz Friedrich Wilhelm (als vierter König dieses Namens trägt er häufig das Attribut »Romantiker auf dem Fürstenthron«) hatte sich beim Oberpräsidenten der Rheinprovinz dafür eingesetzt, »dem Unwesen der Zerstörung solcher geschichtlicher Denkmäler zu steuern, welches gewöhnlich nur aus Gewinnsucht hervorgeht.«

Unterdessen appellierten die Steinhauer an den König. Sie versicherten, dass es ihnen keineswegs nur um ihre eigenen Inte-

Königswinter, Eselsbrunnen
an der Rheinpromenade

ressen gehe: »Wenn in gegenwärtiger Zeit, wo der geringe Weinbauer, durch eine Reihe von Missjahren gedrückt [...] sich in der trostlosen Lage befindet, wenn in dieser Zeit erwiesenermaßen durch die Wiederherstellung dieses Betriebes mehreren Hunderten (!) von brotlosen Familien der Umgegend eine Erwerbsquelle sich eröffnet«, dann könne jeder vernünftig Denkende gegen den Abbau keine Einwände geltend machten.

Alle Anstrengungen waren vergeblich. 1832 wurde die Steinhauergewerkschaft rechtskräftig enteignet. Rheinromantik hin, vaterländisches Gedenken her, für die Steinhauer von Königswinter war die Entwicklung schlicht eine Katastrophe. In ihrer Not verfielen sie auf eine andere Erwerbsidee. Die Gewerkschaft konnte zwar keine Steine mehr abbauen, aber der Gipfel mit der Burg gehörte immer noch ihr. Sie sperrte also den Zugang und zog eine Dornenhecke ums rheinromantische Zentrum. Damit nicht genug, eröffnete sie – zum großen Unmut der Gastronomie im Tal – hier oben eine Gastwirtschaft.

Das alles geschah, um besagtes Eintrittsgeld zu erheben, fünf Silbergroschen pro Nase. Die Esel, eigentlich zur Beförderung der Werkzeuge im Steinbruch vorgesehen, trugen nun Touristen. 1834 waren das immerhin 4 700, eine für damalige Verhältnisse stattliche Zahl. So löste eine Nutzung die andere ab, auf den Trachytabbau folgte der Fremdenverkehr. Er konnte die Ertragseinbußen nicht ausgleichen, doch immerhin mildern.

1836 fand sich der preußische Staat zu etwas bereit, was er als großzügige Geste verstand: Trotz rechtskräftiger Enteignung kaufte er den Drachenfels, damit waren Berg und Burg endgültig gesichert. Im Nachhinein kann dieser Erwerb als Meilenstein für den Umwelt- und Landschaftsschutz gesehen werden. Der Drachenfels ist Ansatzpunkt zum Schutz des ganzen Siebengebirges, aber das ist schon wieder eine andere Geschichte.

1855 wurden die ersten Stützpfeiler zur Sicherung der Burgruine errichtet, es sollten nicht die letzen sein. Nach einem (erneuten) Felssturz im Jahr 1968 machte man Nägel mit Köpfen. Seit 1971 laufen Betongurte zur Lastverteilung am Fels entlang. Metallstäbe, bis 40 Meter lang, durchziehen das Gestein. Die Felsanker geben dem Drachenfels Stabilität, sie gewährleisten auch, dass die Ruine nicht den Boden unter ihrem Fundament verliert. Die Koexistenz von dem Kunststein Beton und dem Naturstein Trachyt fällt zumindest von Weitem kaum ins Auge. Busch und Baum verhindern den Blick auf den robusten Eingriff zur Aufrechterhaltung des Landschaftsbilds.

Sagenhafter Drachenfels

Eigentlich ist es guter Brauch, die erzählerische Tradition quasi als »Vor-Geschichte« zu behandeln, also vor das Geschichtskapitel zu rücken. Aber die Drachenfelssagen sind so eng mit der Literatur verknüpft, an ihrer Nach- und Neuerzählung haben sich so viele Poeten versucht, dass sie hier vor dem Literaturkapitel stehen sollen.

Die handfesteste aller Drachenfelssagen wurde von Paul Zaunert überliefert. Sie hat rein gar nichts mit Drachen zu tun und verfügt mit dem Burggrafen Johann von Drachenfels über einen sogar historisch fassbaren »Helden«. Einst saßen also die regionalen Edelherren zusammen und rühmten die kostbaren Steine ihrer Ringe. Auch der Drachenfelser Burggraf ließ seinen Fingerreif sehen, aber dessen Fassung zierte ein rohes Stückchen Fels. Der Anblick ließ die Herren zunächst stutzen, dann aber in Heiterkeit ausbrechen. Doch der Burggraf wollte seinen Ring keineswegs als Scherzartikel verstanden wissen. Ins Gelächter hinein belehrte er die Standesgenossen über den besonderen Wert des Steins: »Er glänzt nicht so wie eure; aber er bringt mir jährlich viele hundert Gulden ein von den kölnischen Domherren, die den Stein zum Kirchenbau brauchen; was nützen Euch dagegen Eure Steine?« Wir können davon ausgehen, dass unter den Rittern statt ignoranter Heiterkeit nun betroffenes bis nachdenkliches Schweigen herrschte ...

Der »weibliche« Sagenstrang

Die Sagen vom Drachenfels teilen sich in eine »weibliche« und eine »männliche« Linie. Die weibliche hat Züge einer Legende und ist im Übergang vom Heiden- zum Christentum angesiedelt. Danach lebten rechtsrheinisch, also um den Drachenfels herum, heidnische Stämme. Ihre Krieger suchten das linke Rheinufer, wo das Christentum schon Fuß gefasst hatte, übel heim. Selten ging es dabei ohne Gefangene ab, die meist versklavt wurden.

Wieder einmal hatten die Horden auch menschliche Beute gemacht, darunter eine

Die Jungfrau mit dem Drachen

»Die Jungfrau vom Drachenfels«, historische Postkarte

»Jungfrau«. Ihre Schönheit betörte zwei pagane Anführer derart, dass sie beide Besitzerrechte geltend machten und darüber in heftigen Streit gerieten.

Das sahen die Kampfgefährten mit Unwillen. Denn schon drohte der private Zwist die Wehrkraft der Truppe zu schwächen. Und weil keines der Alphamännchen auf die junge Frau verzichten wollte, kam dies eine Mal der unersättliche Appetit des Drachen gerade recht. Ihm, der oben auf dem Drachenfels hauste und den das Heidenvolk gottgleich verehrte, sollte die Christin zum Fraß vorgeworfen werden.

Gesagt, getan. Die Jungfrau wurde vor der Höhle des Untiers angekettet. Aus der Ferne beobachteten die Heiden, wie sich dieses aus seiner Höhle wälzte und feurigen Atems auf die Christin losging. Die aber zog ein Kreuz aus dem Ausschnitt und hielt es dem Drachen entgegen.

Sofort war es vorbei mit dem Flammenschnauben. Angesichts des Kreuzes packte den Drachen das helle Entsetzen. Einer Version zufolge verschwand er sang- und klanglos und ward nie mehr gesehen. Nach einer anderen stürzte er sich vom Felsen hinab und zu Tode.

Es muss betont werden, dass hier, im Gegensatz zum »männlichen« Sagenstrang, keine Waffe im Spiel war, jedenfalls keine, die von dieser Welt gewesen wäre. Und der Drachentod hatte ein Nachspiel. Die Heiden waren derart beeindruckt von der Macht des Christengotts, dass sie sich taufen ließen. In der gereimten Version von August Kopisch, dem Autor der »Heinzelmännchen von Köln«, liest sich das herrlich lakonisch: »Da bogen alle ihre Knie / Die schöne Jungfrau taufte sie.«

Was die Sage nicht überliefert, aber doch zu hoffen bleibt ist, dass die Neu-Christen fortan ein friedlicheres Leben führten und von ihren Raubzügen abließen. Im Übrigen verstehen schon die antiken Sagenwelten die Tötung eines Drachens als Sieg über die dunklen Mächte. Dass mit dem Untier zugleich auch der »finstere«, also heidnische, Glaube überwunden ist, passt gut zu einer Sichtweise, wie sie die noch älteren Mythen vorgeben.

Wie gesagt, vom männlich geprägten Überlieferungsstrang weicht diese Erzählung entschieden ab. Und so fand sie im 19. Jahrhundert die Aufmerksamkeit zweier frauenbewegter Autorinnen.

Die bekanntere der beiden ist Louise Otto-Peters (1819–1895). Später stritt sie für Gleichberechtigung mit Broschüren und Zeitungsartikeln, doch begann sie ihre schriftstellerische Laufbahn mit schöngeistiger Literatur. Um 1850 entstand ihr Gedicht »Der Drachenfels«. Als Sächsin hatte sie keinen engen biografischen Bezug zur Gegend, aber zweifellos Ortskenntnis. Und dieser Drachenfels war für sie nicht nur eine sagenumwobene Erhebung, sondern auch ein ragendes Symbol:

Da hebt der Drachenfels sich majestätisch,
Der vorderste, dicht an des Rheines Flut,
Es ist als spräch' er warnend und
[prophetisch
Zu einer Welt, die scheinbar friedlich ruht:
Auch Du hast noch zu kämpfen
[mit den Drachen.

Der Sieg über den Drachen steht bei der Autorin für den Triumph »reiner Menschenliebe«. Und so steuern die Verse von Louise Otto-Peters auf ein hymnisches Ende zu:

O läg noch heut in einer Jungfrau Händen
Die Macht, die Menschenopfer zu [beenden!
Wie schön, sich einem solchen Tod [zu weihn!
O Gott der Lieb', dürft ich das Opfer sein.

Johanna Loewenherz (1857–1937) stammte ganz aus der Nähe. Ihr Vater war ein Rheinbrohler Kaufmann und Steinbruchbesitzer. Ähnlich wie Louise Otto-Peters legte Johanna Loewenherz später mehr Gewicht auf die Veröffentlichung nichtfiktionaler Texte. Ihre Schrift »Prostitution oder Produktion, Eigentum oder Ehe?« (1895) erregte schon wegen ihres Titels Aufsehen. Johanna war Mitglied der Sozialdemokratischen Partei, schon vor der braunen Machtübernahme hatte die Polizei sie im Visier. Als Linke und Jüdin wurde sie 1933 festgenommen, ihren Nachlass vernichteten die Nazis.

Und sogar eine selbstbewusste Frau wie Johanna hielt es offenbar für besser, nicht ihren Namen und damit ihre weibliche Identität preiszugeben. 1890 veröffentlichte sie ihr Versepos »Der Drachenfels« anonym, nämlich »erzählt von einem Rheinländer« (noch nicht einmal »von einer Rheinländerin«).

Im Vorwort zum Buch schreibt sie, dass dieser Stoff es ihr schon lange angetan habe. »In der frühesten Zeit geistigen Erwachens wurde ich mit der Sage vom Drachenfels bekannt. Das Bild der schönen, sanften, christlichen Jungfrau inmitten des tobenden Heidenvolkes trat vor meine Seele und bemächtigte sich ihrer mit wunderbarer Gewalt.« Bis es zum Drachenkampf kommt, vergehen viele Verse, die Handlung erinnert an die Strickmuster einer Hedwig Courths-Maler. Aber schließlich muss sich auch dieses Untier angesichts der Königstochter und ihres »Christusbildes« geschlagen geben, und die Heiden nehmen den Christenglauben an.

Der Epilog von Johanna Loewenherz' »Drachenfels« führt auf die Höhe ihrer Jetztzeit, die Eisenbahn ist der gezähmte, wenn auch immer noch fauchende Drache. Als »Dampfross« entlässt er einen Pulk Bonner Studenten und die »dürsten sehr nach Drachenblut«. So endet das Buch leider nicht mit einem Bekenntnis zum emanzipatorischen Potenzial der Sage, sondern mit einer Parole des Rheintourismus: »Wer nicht liebt Wein, Weib und Sang, / Bleibt ein Narr sein Leben lang.«

Der »männliche« Sagenstrang

Das 19. ist auch das Jahrhundert der Sagenproduktion. Das gilt besonders für die touristisch erschlossenen Gegenden wie das Siebengebirge und allemal für seinen Drachenfels. Hier sei nur an den Stoßseufzer des großen Märchenerzählers Ludwig Bechstein erinnert: »Er ist mit Drachen- und Lindwurmsagen völlig umschuppt und umpanzert.«

Mit ganz spärlichen Hinweisen muss zufrieden sein, wer diese lokalen Sagen an ihre Ursprünge zurückverfolgen will. Im Fall des Drachenfels helfen ihm der historisch-geografische Schriftsteller Mathias Quad von Kinckelbach (1557–1613), der zeitweise in Köln lebte, und sein Buch *Teutscher Nation Herligkeitt*. Es erschien 1609, schon die Lagebeschreibung des Berges weist den Autor als einen Kenner der Gegend aus. Zur Überlieferung schreibt er: »Es hat vor alten Zeiten ein Drache auff diesem Berg seine Wohnung gehabt, welcher beiden, Menschen und Vieh, ganz schädlich war, denselben ertötet ein stolzer Ritter, gebürtig aus Griechenland, oder ja von einem griechischen Vatter her geboren. Deshalb ihm seine männliche und kühne Tat wieder vergolten ward, und man gab ihm denselben Berg und ein Gutteil daran gelegener Landschaft.«

Originell ist an dieser Bestandsaufnahme das Element »gebürtig aus Griechenland, oder ja von einem griechischen Vatter her geboren«. Zwar ist Griechenland nicht gerade das Mutterland aller Drachensagen, doch finden sich in der griechischen Mythologie einige prägnante Drachenkämpfe. So tötet der Überheld Herakles den Hesperiden- und der Held Kadmos den heiligen Drachen des Ares. Auf dem Kampfplatz gründet Kadmos eine Stadt (Theben). Allerdings muss er für den Mord am heiligen Untier acht Jahre lang dem Kriegsgott dienen, der ihm dann seine Tochter mit dem schönen Namen Harmonia zur Frau gibt.

Der Name der Gattin wie auch die Stadtgründung stehen für ein geregeltes Zusammenleben, der Drache repräsentiert die Welt der vorolympischen Götter, das Chaos, die dunklen chonthischen Mächte. Wer könnte diese besser verkörpern als ein Vulkan? Aber das ist natürlich ein spekulativer Gedanke.

In Bezug auf den männlichen Aspekt ist (fast) allen Drachensagen der auswärtige Held gemein. Und auch bei Mathias Quad folgt dem siegreich bestandenen Kampf die Hochzeit. Der Autor behandelt sie allerdings als Familienangelegenheit, der Grieche heiratet die Tochter des »Feldöbersten der Quaden«. Zwar privatisiert Quad hier die Überlieferung, doch unabhängig davon ist die Trauung (fast) immer ein Element der Sage. Wie sonst könnte auch der Held die Herrschaft über das Land antreten?

Anders als in Quads zügiger Zusammenfassung kommt in anderen Versionen der Sage meist hinzu, dass die Tochter des Burggrafen entweder dem Drachen geopfert werden soll oder sich schon in seiner Gewalt befindet. Nur in einer Variante rafft sich der greise Vater selbst zur Tat auf, nachdem alle anderen Ritter nichts ausrichten konnten oder wollten. Mit letzter, ungeahnter Kraft tötet er das Untier. So nützt dem Drachen selbst ein scheinbar schwacher Gegner nichts, für ihn endet es immer letal.

Je fürchterlicher der Drache, desto strahlender der Sieg. Darum lässt sich fast von Zwangsläufigkeit sprechen, wenn zum Drachenfelser Drachen auch der heldenhafteste aller Helden tritt. Immerhin kommt Siegfried der Sage nach vom Rhein, wenngleich vom Niederrhein, aus Xanten. Doch legt keine Behandlung des Stoffes auch nur nahe, dass Siegfried den Drachen im Siebengebirge erlegt habe. Aber unter dem Horizont der Rheinromantik wird die Ortsangabe Drachenfels rasend schnell kanonisch. Das *Taschenbuch für Reisende am Rhein von Mainz bis Düsseldorf* versichert seinen Lesern schon 1818, dort habe »der hörnerne Siegfried« das Untier erschlagen.

Dem Bonner Lokalmatador Karl Simrock (1802–1876) kann in seiner Haut nicht ganz wohl gewesen sein. Als junger Mann hatte er das Nibelungenlied ins Hochdeutsche übertragen, und das Buch war ein ganz großer Erfolg geworden. Niemand wusste besser als er, dass aus dem Nibelungenlied für den Drachenfels nichts zu holen war. Außerdem verstand sich Simrock nicht nur als Dichter, sondern auch als Wissenschaftler.

Aber selbst er wollte nicht ausdrücklich gegen den Strom schwimmen. In seinem Buch *Das malerische und romantische Rheinland* behandelte Simrock das heikle

Siegfrieds Drachenkampf, 1914,
unbekannnter Künstler

Thema mit Umsicht und Geschick. Schließlich gab es noch einen zweiten Drachenfels, der ebenfalls Anspruch erhob, Schauplatz von Siegfrieds Drachenkampf gewesen zu sein. Besagte Sandsteinklippe lag bei Bad Dürkheim, also näher an der Nibelungenstadt Worms. Im Vergleich der beiden hat, immer nach Simrock, der Drachenfels im Siebengebirge »größere Ansprüche als sein Doppelgänger am Hardtgebirge, weil er im Niederlande liegt und Siegfried König im Niederland heißt.« Damit widerspricht er der allgemeinen Überzeugung nicht – legt sich aber auch selbst nicht fest.

Ebenfalls Karl Simrock überliefert eine Variante der Sage, die er von einem »Honnefer Bauern« hörte. Hier wird dem Drachen ausgerechnet seine fürchterlichste Waffe zum Verhängnis, nämlich dass er Feuer speien konnte. Von seiner Höhle über dem Rhein setzte er die vorbeifahrenden Schiffe in Brand. Einmal nun hatte ein Schiff Schießpulver geladen. Die gewaltige Explosion bedeutete zwar wie gehabt das Ende von Mannschaft, Ladung und Wasserfahrzeug, aber sie tötete auch den Verursacher. Simrock sieht in diesem Ausgang ein Gleichnis für den »Untergang des Ritterwesens«, ja des Raubrittertums.

Wer die vielen Nacherzählungen der Drachenfelssage Revue passieren lässt, bekommt schnell den Eindruck, als würden hier die immer gleichen Zutaten oft recht lieblos durcheinandergemischt. Eine bemerkenswerte Konstante gibt es dennoch. Offenbar war es unter dem Horizont der Rheinromantik zu verlockend, den Drachenfels an die ebenfalls berühmte Sage anzubinden, die sich um den nahen Rolandsbogen und die Insel Nonnenwerth rankt.

Darin bricht Ritter Roland, meist kreuzzugshalber, auf und lässt seine Braut zurück, die nach langer Zeit des Wartens von seinem Tod hören muss und daraufhin den Schleier nimmt. Der Ritter kehrt zurück, doch die Braut, durch heiligen Eid gebunden, kann dem Klosterleben nicht mehr entsagen.

Diese melancholisch-stille Geschichte liest sich bei Georg Hülle (1835) und Alfred (von) Reumont (1837) ziemlich anders. Denn hier ist Hildegarde (Hülle) oder Hildegunde (Reumont) die Tochter des Drachenfelser Grafen. Während Rolands Abwesenheit bedrängt eine feindliche Schar den Drachenfelser und seine Burg. Schon droht die Gefahr einer fürchterlichen Niederlage, da mischen sich plötzlich andere Ritter ins Getümmel, allen voran der zurückgekehrte Roland.

Karl Simrock. Nach einer Photographie, von G. Hartmann.

Porträt Karl Simrocks

»Ritter Roland schaut auf den Drachenfels und Nonnenwerth«, Zeichnung von Otto Ubbelohde

Hin und her wogt der Kampf, schließlich geraten die Drachenfelsgegner ins Hintertreffen. Im fortdauernden Schlachtgetümmel, bei Hülle auch begünstigt durch die einbrechende Nacht, lassen sich die beiden Parteien kaum mehr unterscheiden. Besonders ein Gewaffneter tut sich hervor, in einer Art Blutrausch wütet er gegen Freund und Feind. Roland sprengt heran und nach langem Ringen tötet er auch diesen Kontrahenten. Nun endlich können sich die Liebenden beglückt in die Arme fallen, doch jäh weicht Hildegundes freudiger Jubel dem Entsetzen. An der Rüstung des niedergestreckten Ritters erkennt sie ihren Vater, den Roland unwissentlich getötet hat.

Nach dieser Vor-Geschichte in bester schauerromantischer Manier biegen Hülle / Reumund wieder auf die breite Sagen-Straße ein. Hildegunde nimmt auf Nonnenwerth den Schleier, der untröstliche Roland setzt sich ins Fenster seiner Burg, um Tag und Nacht hinunter auf den Rhein und die Insel zu schauen. Endlich kündet ein Nonnenwerther Glöckchen vom Tod seiner Hildegunde, bald danach wird auch er von seinem Liebesleid endgültig erlöst.

Drachenfels-Literatur

The castled crag of Drachenfels
Frowns o'er the wide and winding Rhine

Weit droht ins offne Rheingefild
Der burggekrönte Drachenfels

(Lord Byron, «Childe Harold's Pilgrimage«,
Übersetzung nach August Mommsen)

Der schöne Jünglingskopf
Lord Byrons

Inzwischen hat sich herumgesprochen, dass eigentlich die Engländer den romantischen Rhein entdeckt haben. So ist es nur folgerichtig, dass der Drachenfels das Licht der Literatur in englischer Sprache erblickte. George Gordon Byron (1788–1824) veröffentlichte die vier Teile seines Versepos »Die Pilgerfahrt des Knappen Harold« zwischen 1812 und 1818, die beiden oben zitierten Verse finden sich im dritten »Canto« von 1816.

Diese »Pilgerfahrt« begründete Byrons Ruhm als Dichter, auf den Drachenfels fällt wenig mehr als ein Streiflicht. Doch die beiden Verse verdichten den ganzen bekannten Eindruck vom Berg, der Klippe (crag), der Burg und dem Bedrohlichen der Szenerie (to frown: »drohen«).

Noch ein (Rhein-)Romantiker: Edward Bulwer-Lytton

Verschneiter Drachenfels mit talwärts grünen Wiesen

Das Stichwort »Pilger« greift Edward Bulwer-Lytton (1803–1873) auf. Seine *Pilger des Rheins* erreichten zwar nicht die Auflagenhöhen seiner *Letzten Tage von Pompeij*, aber noch im Erscheinungsjahr der englischen Originalausgabe (1834) wurden die *Pilger* gleich zweimal ins Deutsche übersetzt. Sie können als Reisebuch gelesen werden. Doch schon in der Vorrede hält ihr Autor fest, dass man »dieses Werk mehr nach den Regeln der Dichtkunst als denen der Prosa prüfen möchte, denn nach

Ersteren ist es sowohl entworfen als auch ausgeführt worden.«

Als Probe aufs Exempel kann die Passage zum Drachenfels gelten.

Der Kahn glitt jetzt an dem Siebengebirge und dem Drachenfels vorüber. Die niedergehende Sonne warf ihre gelblichen Strahlen über den glatten Wellenspiegel. Am Fuß des Gebirges lag, tief in Schatten gehüllt, ein niedliches Dorf; hoch auf dem Drachenfels aber, an den altersgrauen Ruinen, weilte noch die reichste Glorienglut der Sonne. Dennoch vermochte dies grelle Licht nicht die Düsterkeit zu vertreiben, welche gleich einem Trauerschleier über dem Riesenfelsen hing. Er stand da oben, wie irgend ein großer Name, den der herrlichste Glanz des Ruhmes wohl erleuchten mag, der jedoch, grade weil er so viel höher und schöner ist als alles, was ihn umgibt, stets mit einer gewissen heiligen Schwermut verbunden ist.

(Übersetzt von einem unbekannten Autor mit Pseudonym »Dr. Le Petit«)

Im Geist dieser Zeilen haben auch viele Maler den Berg konterfeit. Nicht weniger poetisch sieht ihn der Amerikaner Henry Wadsworth Longfellow (1807–1882) in seiner frühen Erzählung »Hyperion« (1839): »Feierlich und düster, wie ein Mönch, stand der Drachenfels mit seiner Nebelkapuze«.

Allerdings: Als Ort mit literarischer Lizenz geht der Drachenfels meist im Ensemble des Siebengebirges auf, das gilt auch für die deutschsprachige Literatur. In den Mittelpunkt rückt ihn dagegen ein frühes Gedicht von Heinrich Heine (1797–1856). Dieser lässt »Die Nacht auf dem Drachenfels« beim Landsturmdenkmal (s. S. 86f.) spielen, stellt den Berg also in einen politischen Zusammenhang. Zwar tendiert die Stimmung hier ins Schauerromantische (»Und aus den Trümmern steigt ein tiefes Ächzen, / Es klirrt und rasselt, und die Eulen krächzen; / Dazwischen heult des Nordsturms Wutgebrause«), aber die Burschen singen doch das »Lied von Deutschlands heilgen Siegen« – was wohl auf die Völkerschlacht bei Leipzig anspielt.

Die Feier fand im Wintersemester 1819/20 statt, und so mag das Wetter die heinetypische Pointe inspiriert haben: Dem vaterländischen Feuereifer der anderen folgt die eigene Erkältung auf dem Fuß:

Nach eigener Aussage ein
»entlaufener Romantiker«: Heinrich Heine

Sieh nun, mein Freund, so eine Nacht
[durchwacht' ich
Auf hohem Drachenfels. Doch leider
[bracht ich
den Husten und den Schnupfen
[mit nach Hause.

Nur ist dieser frühe und freche eben nicht der ganze Heine. Er, der sich selbst einen »entlaufenen Romantiker« nennt, imaginiert im späten Gedicht »Mir lodert und wogt im Hirn eine Flut« einen Blick vom anderen Rheinufer.

Ich sah hinauf nach dem Drachenfels,
Der, hochromantisch beschienen
Vom Abendrot, sich spiegelt im Rhein
Mit seinen Burgruinen.

Was hier wie ein biedermeierliches »Aus der Jugendzeit« klingen mag, steht in einem völlig anderen Zusammenhang. Der sich dort am Godesberger Rheinufer »unter dem Lindenbaum« und »vor der alten Schenke« sitzen sieht, liegt tatsächlich todkrank in seiner Pariser »Matratzengruft«. Und der halluzinierte »holde Rebensaft« wird sich im Schlussvers – »zwölf Tropfen stündlich« – als Medizin herausstellen. Es lässt sich nicht ohne Ergriffenheit lesen, dass aus dieser Perspektive der Drachenfels – »hochromantisch beschienen« – zum Inbegriff einer unwiederbringlichen Vergangenheit wird.

Als Sänger von deutscher Freiheit, als »Revolutionspoet«, hat sich Ferdinand Freiligrath (1810–1876) verstanden. Als er sein Gedicht »Auf dem Drachenfels« schrieb, war er allerdings noch durch und durch Romantiker und der allseits gerühmte »Retter des Rolandsbogens«. Wer sein Werk aus der zeitlichen Distanz betrachtet, bedauert, dass dieser Autor mit seinen Möglichkeiten nicht disziplinierter, nicht selbstkritischer umgegangen ist. Freiligraths fatale Neigung, Strophe an Strophe, Vers an Vers zu reihen, hat sein Dichterross flügellahm werden lassen. Dass er sehr wohl über schöpferische Kraft verfügte, zeigt der Anfang seines Gedichts vom Drachenfels.

Hoch stand ich auf dem Drachenfels;
Ich hob die Hand, ich biss die Lippen.
Mein Jagdhund, freudigen Gebells,
Schlug an im Widerhall der Klippen.
Er flog hinab, er flog hinan,
Er flog, als ob ein Wild ihm liefe;
Ich aber stand, ein froher Mann,
Und bog hinab mich in die Tiefe.

Ferdinand Freiligrath – Retter des Rolandsbogens

Den Hund hat es übrigens wirklich gegeben, Strolch hieß er, und Kurt Roessler hat ihn 1997 auf eigene, originelle Weise gewürdigt.

Beim frühen Heine liest man vom »Burggeist«, bei Franz von Elsholtz (1791–1872) vom »Berggeist«. Den gebürtigen Berliner Elsholtz hatte es 1816 für einige Zeit ins Rheinland, genauer nach Köln, verschlagen. Er gehört zu den vielen vergessenen Autoren, die dem Drachenfels ihre poetische Aufwartung machten. Seinem »Berggeist« droht allerdings das »Geduldseil« zu reißen, und aus seinen Worten spricht heiliger Zorn.

Muss, Jahr aus Jahr ein, mit stillem Grimme
hier umschwirrt mich sehn vom losen Pack,
Das empfindeln kommt, nach Zeitgeschmack,
Hergerufen von der Mode Stimme.

So schön, mit solch kulturkritischer Emphase, hat den romantisch gestimmten Drachenfelsbesuchern sonst niemand heimgeleuchtet. Noch ein paar Verse gefällig?

Keucht herauf, bewundert, kräht und
[schwatzet!
Doch es findet die gepriesne Lust
Keinen Nachhall in der dürft'gen Brust.

Der Drachenfels im Bild

Zu Recht trägt der Drachenfels das Prädikat »Ikone der Rheinromantik«. Viele Bildzeugnisse lassen sich für diese Auszeichnung anführen und doch greift sie zu kurz. Anfangs wird der Berg ganz anders wahrgenommen. Sicher, er ist früh ein lohnendes Sujet, aber diese Aufmerksamkeit hat er, so ironisch es klingen mag, dem Gesteinsabbau zu verdanken.

Der vorromantische Drachenfels

Dank der Steinrutsche kann schon seine erste bekannte Darstellung ohne Weiteres identifiziert werden. Um 1490 malte der namentlich nicht bekannte «Meister der Verherrlichung Mariens» eine Versammlung der Heiligen vor dem Kölner Stadtpanorama. In der Ferne erscheint auch das Siebengebirge. Es ist grün bewaldet, nur der Drachenfels weist die helle Rinne auf, die ihn deutlich von den anderen Erhebungen unterscheidet.

Etwa ein Jahrhundert jünger ist der Kupferstich des Franz Hogenberg (1535–1590). Er zeigt eine Episode aus dem Truchsessischen oder Kölner Krieg, die »Belagerung von Königswinter im Jahr 1583«. Natürlich nimmt der Truppenaufmarsch viel Bildfläche ein, aber der Drachenfels beherrscht die landschaftliche Kulisse. Vier mächtige Abbauriefen im Gestein erreichen fast die Grundmauern der Burg, die Steinstraße darunter lässt eher an eine breite Geröllschleppe denken. Und obwohl ihr der Gesteinsabbau bedenklich nahekommt, hat die Feste auf Hogenbergs Stich noch einen sicheren Stand.

Nur gilt für dieses Werk Hogenbergs besonders, was auch für andere Darstellungen des Drachenfels zutrifft: Sein dokumentarischer Wert darf nicht überschätzt werden. Ein früher Kupferstich nach unbekannter Vorlage (Stecher wohl Matthäus Merian, vor 1630, s. S. 15) atmet barockes Pathos, die (Haupt-)Steinstraße mit ihren breit gebuckelten Randwällen einen geradezu grotesk-expressiven Zug. Alle Versatzstücke sind beieinander, aber die Komposition gönnt sich viele Freiheiten.

»Belagerung von Königswinter im Jahr 1583«, Stich von Franz Hogenberg

Drachenfels, im Hintergrund die Wolkenburg, Kupferstich von Wenzel Hollar, Mitte 17. Jahrhundert

1635, also nur wenige Jahre später, veröffentlicht Wenzel Hollar (1609–1677) seinen Kupferstich, er bildet wie der frühe Matthäus Merian auch noch die Wolkenburg im Hintergrund ab. Hollars Blatt kann so verstanden werden, dass der Trachyt hier nurmehr im Gipfelbereich gebrochen wird. Auch die insgesamt dichtere Bewaldung des Hangs lässt – in aller Vorsicht – auf geringere Aktivitäten schließen. Übrigens hat die Burg schon keine Dächer mehr. 1632 hatten die Schweden sie für kurze Zeit erobert, zwei Jahre später beklagte der Kölner Erzbischof ihren ruinösen Zustand. Dieses

Detail spricht also für die Zuverlässigkeit der Wiedergabe, dagegen allerdings, dass der Fels unvermittelt ins Wasser abstürzt.

Ohne Wolkenburg im Hinter- oder Königswinter im Vordergrund, ganz allein auf weiter Flur, erhebt sich der Drachenfels in der berühmtesten Ansicht von 1646 (s. S. 16). Sie stammt wiederum von Matthäus Merian (dem Älteren, 1593–1650). Die Burg auf dem Gipfel scheint noch weitgehend intakt, doch gegenüber der älteren Ansicht zeugt die jüngere von einer sachlicheren Betrachtungsweise. Im Ganzen zeigt sie eindrucksvoll, wie übel die Steinhauer dem Berg mitgespielt haben. Die breite Steinrutsche verläuft fast bis ans Rheinufer. Nur findet sich nicht einmal angedeutet, dass hier Material verladen wird. Die Brüche selbst scheinen verlassen. Und während auf halber Höhe die spontane Vegetation wieder Fuß fasst, reichen von Norden her die Rebzeilen bis an die Steinstraße heran. Auch diese Ausdehnung des Weinbaus spricht nicht für einen regen Betrieb des Steinabbaus.

Erwähnung verdient hier noch die schöne Federzeichnung des Rembrandt-Schülers Lambert Doomer (1624–1700), die zum künstlerischen Ertrag seiner Rheinreise 1663/1664 gehört. Diese Zeichnung vom Drachenfels – sie befindet sich heute in der Wiener Albertina – konzentriert sich ganz auf den Berg. Zwar hat ihn der Künstler vom anderen Rheinufer aus konterfeit, doch ist der Strom bei ihm nur ein ganz schmales Band. So lässt sich der Wall am Hangfuß gut erkennen, der den Uferbereich offenbar vor Steinschlag schützen soll.

Der romantische Drachenfels

Die kühnste und trotzigste aller Ruinen,
die im schönen Rheinstrom sich spiegeln,
ist Drachenfels, der stolze Wächter
des Siebengebirges. An gigantischer Größe
und Wucht der Erscheinung überragt
dieser trotzige Turmzacken alle anderen
Burgen am Rhein.

Rückseite einer Postkarte mit dem
Drachenfels-Motiv von
Nikolai von Astudin (1847–1925)

Wie schon erwähnt waren es die Engländer, die den romantischen Rhein entdeckt und als Touristenattraktion populär gemacht haben. Deshalb steht auch ein englischer Maler am Anfang dieser kleinen Bildfolge vom romantischen Drachenfels. Elf Rheinreisen unternahm William Turner (1775–1851), die erste 1817. Der Großmeister des Aquarells hielt den reichen Ertrag zunächst in Skizzenbüchern fest. Später entstanden nach diesen Vorlagen ebenfalls druckgrafische Werke.

Auch in Turners Rheinansichten spielen Licht und Farbe die Hauptrolle. Konturen verschwimmen, die Wiedergabe der Szenerie spielt ins Unbestimmte. An seinen Bildern fasziniert die atmosphärische Dichte, nicht die Genauigkeit der Wiedergabe.

Schon bei Turner zeigt sich allerdings, dass der Drachenfels nicht immer das Alleinvertretungsrecht für sich beanspruchen kann. Ein Aquarell von 1817 zeigt ihn zusammen mit dem Rolandsbogen und der Insel Nonnenwerth inmitten. Diese »Dreifaltigkeit« wird häufig dargestellt. Offenbar haben die Maler und Stecher der Kombination dieser pittoresken Sujets kaum widerstehen können. Selten liegen sich selbst am Mittelrhein zwei derart sagenumwobene Orte so schön diagonal gegenüber wie Drachenfels und Rolandsbogen. Davon profitiert die Rheininsel Nonnenwerth, sie gibt als kompositorische Mitte den Dritten im Bunde des Bildmotivs.

Dennoch behauptet der Berg bisweilen auch allein oder fast allein die Bildfläche. So zum Beispiel auf einer Tuschezeichnung von Ernst Fries (1801–1833), entstanden 1821, und auf einem Aquarell (um 1830) des besser bekannten Carl Friedrich Lessing (1808–1880). Lessing wurde erst vier Jahre vor seinem Tod Direktor der Düsseldorfer Akademie, aber schon lange vor dieser Berufung galt er als ein Haupt der dortigen Malerschule. Überhaupt sind viele Landschaftsbilder mit Drachenfels im Umkreis dieser Akademie entstanden.

Der jung verstorbene Fries und Lessing widmen dem zerklüfteten Gestein ihre ganze Aufmerksamkeit. Dahingestellt bleibt, ob der Drachenfels damals tatsächlich für eine fast hochalpine Szenerie Modell stehen konnte, wahrscheinlich ist, dass die Vegetation schon manchen Schrofen grün verhüllt hatte. Der romantische Geist betont die Einheit von Burgruine und Fels, sie wirkt wie aus ihm herausgewachsen, scheint selbst wieder in den Naturzustand zurückgefallen.

Auch die Perspektive der Vergänglichkeit aller menschlichen Werke ist tiefromantisch, hat aber im Falle des Drachenfels ihre ganz eigene Ironie. Wenn sich hier tatsächlich Schrofen über Schrofen getürmt haben soll-

Johann Carl Schultz, Blick auf Godesberg,
Drachenfels und Siebengebirge (1825)

te, dann lag das nicht zuletzt am Abbau des Trachyts, also der Naturzerstörung durch unsereinen. So gesehen mag wiederum der heroische Zug gerechtfertigt sein, der bei Lessing durch die Zähiglebigkeit des schütter belaubten, grotesk verkrüppelten Baums im Vordergrund beglaubigt wird.

1845 hat Fritz Bamberger (1814–1873) dem Drachenfels ein Ölbild von beachtlichem Format gewidmet. Selbstredend fehlt der Strom nicht, aber auch hier fällt die Einheit von gewachsenem Fels und gebautem Stein ins Auge. Demselben bewährten Muster folgt Nikolai von Astudin (1847–1925) noch im frühen 20. Jahrhundert. Seine Rheinlandschaften erschienen auch als Postkarten-Serie, häufiges Motiv sind naturgemäß die Burgen. Da darf der Drachenfels nicht fehlen, und der Maler ist ihm so nahe gerückt, dass die Einheit von Berg und Burg zwangsläufig gewaltig wirken muss. Dagegen hält eine lichtere Farbigkeit, die dem Sujet etwas Arglos-Heiteres gibt.

Insgesamt aber fügen sich Naturereignisse, sogar Naturkatastrophen, ohne Weiteres ins Drachenfels-Bildspektrum. Sie liegen auf der Linie »monumentales Erscheinungsbild«, wenn sie nicht statt Romantik Schauerromantik bieten. So etwa die Farblithografie »Ansicht der Drachenfelsruine von Norden bei Gewitter«, erschienen 1837 in Paris. Gespenstisch wird hier ein Stück Fels beleuchtet und ein recht eigenwilliger Blitz zuckt vom Himmel.

Der »Eisgang auf dem Rhein mit Drachenfels« ist ein Werk des gebürtigen Düsseldorfers Carl Hilgers (1818–1890), das in der Nachfolge von Caspar David Friedrichs berühmtem »Eismeer«-Bild steht. Der Drachenfels tritt hier zurück, aber das Ensemble der zerklüfteten, teils hochgestellten Eisschollen ist sein Stellvertreter. Hinsichtlich der Bedrohlichkeit hat der Maler aus dem Motiv das Äußerste herausgeholt.

Ob nun düster oder heiter, beiden Stimmungen wurde das Werk Caspar Scheurens (1810–1887) aus Aachen gerecht. Auf einem Bild, das um die Mitte des 19. Jahrhunderts entstanden sein muss, präsentiert sich der Drachenfels von besonders finsterer Beschaffenheit. Dabei muss Scheuren nicht einmal das Felszacken-Gewirr bemühen, vielmehr reichen Busch und Baum schon weit den Berg hinauf. Aber das Gehölz zeigt eben kein freundliches Grün, sondern wirkt ausgesprochen düster.

Ganz anders Scheurens »Lustige Rheinfahrt mit Musikanten« von 1839. Da genügt

Caspar Scheuren, »Lustige Rheinfahrt mit Musikanten« (1839), vor der Drachenfelskulisse

Scheuren, Blatt »Das Siebengebirge« aus dem Druckgrafikband
Der Rhein von den Quellen bis zum Meere

der Drachenfels als Kennmarke, die Botschaft verkündet das Boot. In einer angedeuteten Weinlaube steht ein Gitarrenspieler vor einem Mast oder auch nur einer Stange, die oben einen bebänderten Kranz trägt und genau die Bootsmitte bezeichnet.

Neben ihm lehnt ein Paar versonnen-traulich aneinander. Und auch der Zecher mit dem erhobenen Pokal darf nicht fehlen, offenbar geht es im Bild darum, die Parole »Wein, Weib und Gesang« zu illustrieren.

Zum eigentlichen Metier Scheurens wurde jedoch die Druckgrafik. Hauptwerk ist hier sein Prachtband *Der Rhein von den Quellen bis zum Meere*. Jedes der 29 querformatigen Blätter wird von einer Rankenarchitektur durchwirkt, die verschiedene Ansichten und Details aus Sage und Geschichte der jeweiligen Gegend rahmt. Das Siebengebirge beherrscht ein (neo-)romanischer Dreifachbogen. Die beiden kleineren Seitenarkaden zeigen den Ritter Roland (samt Rolandsbogen) und seine Hildegunde auf der Insel Nonnenwerth. Der zentrale Rundbogen aber überwölbt den Drachenfels, dessen Sage in zwei Rundkartuschen mit einer Gunhild und einem Siegfried gegenwärtig ist. Damit liegt der Akzent eindeutig auf dem Drachenfels, dem der Rolandsbogen und die Insel Nonnenwerth lediglich schmückend zur Seite stehen.

In späteren Bildwerken hat der Drachenfels nur noch ausnahmsweise eine herausgehobene Position, er tritt zurück in die Kulisse des Siebengebirges. Der Strom gewinnt deutlich an Raum, hier wird auch die Faszination durch die Dampfschifffahrt eine Rolle gespielt haben. Ganz im Zeichen des Berges aber steht eine Fotografie August Sanders (1876–1964). Um 1934 entstanden, hat sie weniger dokumentarischen Charakter als die anderen Aufnahmen vom Siebengebirge. Vielmehr teilt sie mit der romantischen Malerei die heroische Perspektive.

Unterwegs zum Gipfel

Vom Rhein her bieten sich zwei Möglichkeiten, um hinauf zum Drachenfels zu gelangen: Der steilere Weg führt von Rhöndorf und durch mehr Natur zum Plateau hoch. Allmählicher bergan geht es von Königswinter aus, auf dem Eselsweg. Und wer auf halber Strecke die Lust verlieren sollte, kann immer noch von Schusters Rappen auf die Zahnradbahn umsatteln.

Allerdings fordern Steigung und Strecke die Gehwerkzeuge ohnehin nur mäßig heraus. Außerdem kann der Eselsweg für sich geltend machen, dass er schon seit 1856 zum Promenieren einlädt. Der sozusagen historische Aufstieg geriet in Gefahr, als sich im oberen Teil Steine gelöst hatten. Damals plädierten die Naturschützer für eine völlige Schließung dieses Abschnitts. Doch die Geschichtsträchtigkeit der Strecke und die Ausblicke ins Rheintal, die sie bietet, gaben den Ausschlag, dass der gesamte Eselsweg offenblieb, allerdings um den Preis einer aufwendigen Felssicherung an den gefährdeten Partien.

Esel gibt es hier immer noch, auch wenn der Eselsweg genaugenommen nurmehr ein halber ist. Denn die Langohren dürfen nur noch bis Schloss Drachenburg laufen – und keine Erwachsenen mehr befördern.

Für den Weg zu Fuß bietet sich die Alternative durchs Nachtigallental an. Er führt vorbei am Denkmal für Willi Ostermann (1876–1936), den Klassiker kölnischen Liedguts. Daneben hat Ostermann auch das Genre Stimmungslieder bedient, eins davon ist »Da, wo die sieben Berge«. Sein Refrain erweist auch dem Nachtigallental Reverenz.

Der Bonner Professor für Bergbaukunde Heinrich von Dechen (1800–1889) wird am sogenannten Kutschenweg mit Bildnisplakette und Obelisk geehrt. 1852 erschien sein *Geognostischer Führer durch das Siebengebirge* zum ersten Mal, und erster Vorsitzender des Verschönerungsvereins für das Siebengebirge war von Dechen ebenfalls. Ihm zu Ehren nennt der traditionsreiche »Naturhistorische Verein der Rheinlande und Westfalens« seine Zeitschrift seit 1935 *Decheniana*.

Denkmal für Heinrich von Dechen, den bedeutenden Naturforscher und Professor an der Universität Bonn

Drachenfelsbahn auf dem Weg zum Gipfel

Die Drachenfelsbahn

Die Zahnradbahn auf den Drachenfels steht unter Denkmalschutz. Noch vor der Vollendung von Schloss Drachenburg (s. S. 76 ff.) wurde sie 1882/83 in Betrieb genommen. Und wenn nicht alles täuscht, ist sie die erste ihrer Art in Deutschland, genauer gesagt die erste von denen, die heute noch fahren. Die einzige im Siebengebirge ist sie ohnehin, seit ihr Pendant auf dem Petersberg 1958 den Betrieb einstellte.

Zwischen ihren Schienen liegt eine Zahnstange, in deren Zwischenräume das mittige Zahnrad der Lokomotive greift. Diese Aufstiegshilfe verhindert, dass bei der beachtlichen Steigung (bis zu 20 %) die Räder durchdrehen. Die eingleisige Streckenführung (1 522 Meter lang) bewältigt einen Höhenunterschied von 222 Metern und hat an ihrer Mittelstation Schloss Drachenburg ein Ausweichgleis. Zur Trasse gehören drei Brü-

Drachenfels-Tourismus, Werbung mit Vater-Figur am Eselsweg

cken und ein ausgewachsener Viadukt von acht Bögen. Allenfalls Puristen könnten bemängeln, dass bei ihrem Bau kein Drachenfelser Trachyt, sondern Wolkenburger Latit zum Einsatz kam.

Oben: Königswinter, Bahnhof der Zahnradbahn zum Drachenfels, Druck um 1883

Rechts: Fahrplan der Zahnradbahn, um 1900

Als Verkehrsmittel ging die Drachenfelsbahn mit der Zeit, als in den 1950er-Jahren die Strecke elektrifiziert wurde. Denkmal ist übrigens auch die Talstation, die ebenfalls aus den 1950er-Jahren stammt, aber seit 2005 von einem Glasgehäuse um- und überbaut ist. Es hat die Königswinterer Tourist-Information aufgenommen und zeigt im Obergeschoss ein Modell der Trasse von 1927, eine Idylle mit Weinbergen und Dampflokomotive. Damals gab es noch keinen Trajekt der B 42, unter dem sich der Angang zum Drachenfels heute duckt wie der Muschik unter der Knute. Dagegen setzt die Architektur der Tourist-Information eine erste Geste des Aufbegehrens, weitere Korrekturen des Erscheinungsbilds sollen folgen.

Für ein nachdenkliches Innehalten bietet sich die Mittelstation der Bahn an. Sie liegt auf der Höhe von Schloss Drachenburg, dessen Vorburg das Museum zur Geschichte des Naturschutzes beherbergt. Dort wird Ernst Rudorff (1840–1916) als Vorkämpfer geehrt. Gerade Rudorff aber verurteilte die Pläne zum Bau der Drachenfelsbahn scharf: »Man will den Drachenfels, den man bereits zu Fuß, zu Pferde, zu Esel und zu Wagen in kurzer Zeit bequem erreichen kann, auch noch mit einer Eisenbahn beschenken, damit unter dem allgemeinen Getümmel endlich auch der letzte Rest der Poesie, die Berg und Ruine ehedem umfloss, erstickt werde und verstumme.« Sein Fazit: »Man feiert die Natur, aber man feiert sie, indem man sie prostituiert.«

Drachenfelsbahn
im Siebengebirge
Königswinter a/Rhein.
FAHRPLAN
vom 1. Mai bis 31. October
Aufwärts
Königswinter-Drachenfels.
8 00 bis 30. September
9 25 „ 30. „
9 50 „ 30. „
10 40 „ 31. October
11 20 „ 31. „
12 10 „ 31. „
12 50 „ 31. „
2 00 „ 31. „
3 10 „ 31. „
3 45 „ 31. „
4 20 „ 31. „
4 55 „ 31. „
5 30 „ 31. „
6 20 „ 20. October
6 55 „ 10. „
7 25 „ 30. September
7 50 „ 30. „
8 14 „ 31. August
8 38 „ 31. „
9 02 „ 31. „
Abwärts
Drachenfels-Königswinter.
8 12 bis 30. September
9 37 „ 30. „
10 02 „ 30. „
10 52 „ 31. October
11 32 „ 31. „
12 22 „ 31. „
1 02 „ 31. „
2 12 „ 31. „
3 22 „ 31. „
3 57 „ 31. „
4 32 „ 31. „
5 07 „ 31. „
5 42 „ 31. „
6 32 „ 20. October
7 07 „ 10. „
7 37 „ 30. September
8 02 „ 30. „
8 26 „ 31. August
8 50 „ 31. „
9 14 „ 31. „
Fahr-Preise: Aufwärts 1 Mk. Abwärts 0.50 Mk.
Kinder unter 10 Jahren zahlen die Hälfte.
Abonnements-Karten
Allgemeine Lokal- und Strassenbahn-Gesellschaft Berlin
Betriebsverwaltung:
Königswinter.
Hier hat der schlimme Drach' gehaust
In grauer Vorzeit Tagen.
Bis ihn Jungsiegfrieds Reckenfaust
Bezwungen und erschlagen.
Ein and'rer Drache trägt empor
Dich jetzt auf Zackenschienen,
Und freud'ges Leben sprosst hervor
Aus düstern Burgruinen.
Emil Rittershaus.
Während der Saison
jeden Mittwoch Nachmittag:
Grosses
FREI-CONCERT (Militär-Capelle.)

Die Nibelungenhalle

In der Außenansicht des Gebäudes tritt [...] der Eingang zumeist in Erscheinung. Aus drei wuchtigen Quadern geschichtet, erinnert er an die riesigen Steingrabmäler einer grauen Vorzeit.

Bauleiter Gernsbacher zur Nibelungenhalle

Auf dem Weg zum Gipfel liegen zwei Attraktionen, die die Nähe des mythischen Bergs gesucht haben. Aus Fußgängersicht bequemer, also näher am Aufgang zum Drachenfels, liegt die Nibelungenhalle. Dafür lässt sich Schloss Drachenburg leichter erreichen, eben weil hier die Zahnradbahn hält. Obwohl beide Gebäude keine drei Jahrzehnte trennen, könnten sie unterschiedlicher nicht sein.

Die Nibelungenhalle: Manche ziehen sich aus der Affäre, indem sie ihre wunderliche Architektur dem Jugendstil zuschlagen, gern mit dem Zusatz »später Jugendstil«. Dafür gibt es Anhaltspunkte. Die Zeitstellung könnte passen. 1913 wurde die Halle eingeweiht, zum 100. Geburtstag Richard Wagners (1813–1883) am 22. Mai. Dieses Datum wurde nur knapp, nämlich um gut fünf Wochen, verfehlt. Mit Blick auf aktuell gängige Verzögerungen bei größeren Bauprojekten ließe sich sogar von einer Punktlandung sprechen.

Es gibt in der Bundesrepublik mehrere Nibelungenhallen, aber nur diese eine trägt ihren Namen Richard Wagners wegen. Inspiriert wurde der Bau von dem Maler Hermann Hendrich (1854–1931). Er hatte mehrere ähnliche Projekte angestoßen, geblieben ist davon nur die Walpurgishalle am Hexentanzplatz in Thale (Harz). Am Drachenfels setzten die Berliner Hans Meier und Werner Behrendt Vorgaben des Malers in Architektur um. Es entstand ein Kuppelbau mit tempelähnlichen Zügen.

Ideengeber Hendrich liebte Wagner und er liebte die nordische Mythologie. Außerdem war Richard Wagner der Leitstern des

Die Nibelungenhalle

Werdandi-Bundes von 1907, zu dessen Initiatoren Hendrich gehört hatte. Unter dem Gründungsaufruf des Bundes standen die Namen Houston Stewart Chamberlain, ideologischer Wegbereiter des Nationalsozialismus, und Adolf Moeller van den Bruck, Haupt der national-konservativen Publizistik. Aber der Bund zog auch andere Zeitgenossen an, etwa den Maler Heinrich Vogeler oder den jungen Theodor Heuss. Im Gründungsaufruf selbst findet sich der wunderhübsche Satz: »Nur dann vermag die todkranke deutsche Kunst zu gesunden, wenn die harte Germanenfaust aus völkischen Empfindungswuchten mythisch-mächtige Walkürenwolken gestaltet.«

Inzwischen grundsaniert, lässt sich die Nibelungenhalle als Monument dieser Art Gesundung verstehen. Ihre rustikale Verblendung und das gewaltige Portalmotiv beherrschen das Erscheinungsbild. Dieser Eingang wirkt vom Weg her noch dominanter, weil die durchaus imposante Kuppel unter der perspektivischen Erniedrigung leidet. Auch das archaisierende Schriftbild der Nibelungenhalle schlägt in die Kerbe des Vorzeitlichen germanisch-nordischer Provenienz.

Die Bauweise jedoch ist keineswegs altertümlich. Eine zeitgenössische Veröffentlichung rühmt die Eisenbetonkuppel als avanciert und »einzigartig«. Die Halle, ein Rundbau mit Apsis, ist außen durch Pfeiler untergliedert. Sie tragen bewusst archaisierende Reliefs des einheimischen Künstlers Franz Josef Krings (1886–1968). Im Eingangsbereich werken schmiedende »kunstreiche« Zwerge, links oben präsentiert einer

Hermann Hendrich, Porträt

Hermann Hendrich,
Siegfrieds Kampf mit dem Drachen

das Siegfried-Schwert. Bei Wagner hat es allerdings der Held selbst neu geschmiedet: »Nothung! Nothung! / neidliches Schwert! / Zum Leben weckt' ich dich wieder.«

Ein Eingang soll einladen, keine Frage. Nur dass an der Nibelungenhalle die Tür so häufig offen steht, ist eigentlich schade. Zwar spielt der Jugendstil hier ebenfalls ins Vorzeitliche, doch macht er sich noch geltend. Das Beschlagwerk ist fein gearbeitet, seine Ornamentik samt Sonnenrad (nicht Hakenkreuz) überlegt arrangiert. Im Zentrum findet sich wieder das Sonnensymbol. Achsial durch diese Sonne läuft Siegfrieds Schwert Nothung, gleichzeitig teilt und verbindet es die beiden Türflügel. Überhaupt kann die Heldenwaffe in und an der Nibelungenhalle als eine Art Leitmotiv gelten.

Ein Bildteppich trennt den Vor- vom Hauptraum. Die Vorlage zu dieser Webarbeit stammt von August Wilckens (1870–1939), einem wirklichen Meister der angewandten Jugendstilkunst. Vor blassblauem Grund steht die Weltesche Yggdrasil, vor ihr spinnen die Nornen Urd, Verdandi und Skulk den Schicksalsfaden. Ausdrücklich sollte der Vorhang die Besucher anhalten, sich auf das große Panorama dahinter einzustimmen.

Die Pfeiler der Haupthalle gliedern den Raum in einen Umgang und ein inneres Sechseck. Auch auf dessen Boden herrscht nordische Symbolik. Die Erdscheibe wird gefasst von einem sechszackigen Stern (Hexagramm), durch dessen Spitzen sich die Weltenschlange Midgard windet. Immerhin 60 Meter ist sie lang. Eine Entsprechung findet sich oben, in der Kuppelgestaltung. Mit den Worten Jens Eike Schnalls: »Ein Himmelsgewölbe scheint sich über uns zu spannen, von seinem tiefen Blau leuchten die Sterne des nordischen Himmels hernieder.« In die zwölf ovalen Fenster kommen wieder glasgemalte Tierkreiszeichen, nachdem die ursprünglichen verlorenen gegangen sind.

Den Umgang aber beherrschen die zwölf Bilder, die Hermann Hendrich Richard Wagners »Ring des Nibelungen« gewidmet hat. Noch einmal: Hendrich hält sich eng an die Libretti des Meisters. Wie Wagner hat auch er sich weniger auf das Nibelungenlied bezogen als vielmehr auf die Überlieferungen aus dem altnordischen Sagenkreis.

Der Zyklus aus den vier Opern »Rheingold«, »Die Walküre«, »Siegfried« und »Götterdämmerung« ist auf je drei Bilder aufgeteilt; der Anklang an ein Altar-Tryptichon ist gewollt. Selbstverständlich steht beim »Sieg-

Hermann Hendrich, Parzivals Ritt zur Gralsburg

fried« der Kampf des Helden gegen den Drachen Fafnir im Mittelpunkt. Siegfrieds herausgehobene Stellung betont der vor dem entsprechenden Bild platzierte Amboss, in dem eine prächtige Variante des bewussten Schwertes steckt: Nothungs Spitze zeigt auf das Gemälde.

Wer Wagners Opern visualisiert, muss die Figur der Brünnhilde würdigen. Sie ist beim Komponisten die Tochter Wotans und vornehmste der Walküren (»du kühnes herrliches Kind, du meines Herzens heiliger Stolz«). Sie wird Siegfrieds Braut, Brünnhilde hintergeht er, als er sie an König Gunther verrät. Dieser Verrat wird zum Tod des Helden führen.

Aber auch heimatkundlichen Reiz hat die Darstellung der (vorerst) schlafenden Brünnhilde, die als Ansicht des Siebengebirges gegeben wird. Diese Durchdringung von Person und Landschaft entspricht den natur-religiösen Überzeugungen des Malers. Und sie trägt dazu bei, den Drachenfels als Ort des Drachenkampfs noch einmal zu bekräftigen.

Hendrich hat sich darüber beklagt, dass die Vorherrschaft der impressionistischen Malweise in Deutschland seinem Schaffen nie eine Chance gegeben habe. Aber er ist auch kein Blut-und-Boden-Künstler nach dem Geschmack der Nazis. Dennoch liegt seinem gemalten mystischen Raunen eine völkische Ideologie zugrunde. Das ändert nichts an der Ausnahmestellung dieser Halle. Am durchdachten Gesamtkunstwerk stört allerdings, dass hier auch etliche andere Werke Hendrichs Asyl gefunden haben, die nicht in den Zusammenhang der Nibelungenhalle gehören. Aber vielleicht hilft gerade ein solches Sammelsurium, dieser auf Überwältigung angelegten Präsentation mit nüchternem Blick standzuhalten. Eben weil sich hier wirre Weltsicht und Gesamtkunstwerk nicht ausschließen, ist die Nibelungenhalle ein »Denk mal«!

1933 erhielt sie noch einen Höhlengang, der in einen Innenhof und zu einem 13 Meter langen Betondrachen führt. Auch dieses Tier schuf der bereits erwähnte ortsansässige Franz-Josef Krings; die Bemoostheit unterstützt die Wirkung der Plastik aufs Beste. 1958 kam dann noch ein Reptilienzoo hinzu. Nach Einschätzung der »Hallen-Hüterin« Marlies Blumenthal ist das zumindest für die Kinder die Hauptattraktion und deshalb eine wirtschaftliche Notwendigkeit. Das Alligatorenpaar Heinrich und Alice dürfte der allgemeinen Vorstellung vom Drachen am nächsten kommen.

Franz Josef Krings' Drache für die Nibelungenhalle

Schloss Drachenburg

Was wäre wohl mit dem Anwesen geschehen, hätte die Nordrhein-Westfalen-Stiftung es nicht 1989 erworben? Die Stiftung kaufte es vorsorglich. Vielleicht hätte sie die Finger vom Objekt gelassen, wenn sie geahnt hätte, welch drachenhafte Gefräßigkeit das schlummernde Ensemble, einmal konservatorisch angegangen, zeigen würde. Der Entschluss, Schloss und Park in ihrer ganzen Pracht wiederherzustellen, kostete die Stiftung und das Land Nordrhein-Westfalen summa summarum 31,5 Millionen Euro. Drei Jahre hatte es gedauert, um das Schloss zu bauen, 16 Jahre, um es wieder in einen ansehnlichen Zustand zu versetzen. Doch der Reihe nach.

Der Emporkömmling und sein Prachtbau

Am Anfang steht der sagenhafte Reichtum des gebürtigen Bonners Cornelius Stephan (von) Sarter (1833–1902). Der Gastwirtssohn kam aus den sprichwörtlichen kleinen Verhältnissen. Früh hatte der Vater sein Lokal aufgeben und die Familie bei Kölner Verwandten Unterschlupf suchen müssen. Zuletzt hatte Stephans Mutter die Familie als Knopfmacherin durchgebracht.

In Köln war Stephan ins Bankgeschäft eingestiegen, hatte der Stadt aber bald den Rücken kehren können. Paris war seine zweite Heimat geworden, an der Pariser Börse, wo damals die Musik spielte, hatte er sein Geld gemacht. Ein besonders glücklicher, besonders hoher Spekulationsgewinn war ihm mit Aktien der Suezkanal-Gesellschaft gelungen.

Inzwischen war Sarter als Analyst höchst gefragt, er beurteilte die Seriosität großer Unternehmen für die potenziellen Geldanleger. Schon seinerzeit musste allerdings, wer auf den Wellen des Finanzgeschäfts ritt, mit krass unterschiedlichen Einschätzungen leben. Manche Zeitgenossen sahen in ihm einen Guru, andere einen Scharlatan. Unter dem Horizont des Mottos *Enrichissez-vous* (Bereichert Euch) konnten riesige Vermögen ebenso schnell verschwinden wie sie angehäuft worden waren. Den weltweit großen

Drachenburg, Südseite

Einbruch der Finanzmärkte im Jahr 1873 scheint der Bonner Spekulant relativ unbeschadet überstanden zu haben.

Dass Stephan Sarter besonders großen Ehrgeiz hatte, sein neu gewonnenes Ansehen herauszustellen, darf angesichts des biografischen Hintergrunds vermutet werden. Und wie viele andere diente ihm das Ideal der Adelsgesellschaft als Leitstern; sein »von« und den Titel Freiherr hatte er schon 1881 mehr oder weniger käuflich erworben. Doch die beste Möglichkeit, den Status zu verdeutlichen, bietet nun einmal die Architektur. Ein Schloss musste es werden. Das große Grundstück bei Königswinter hatte Sarter schon im Jahr der Standeserhöhung gekauft. 1883 begannen hier die Arbeiten, 1885, innerhalb einer sagenhaft kurzen Zeit, war der Bau so gut wie vollendet.

Zum Ensemble gehörten und gehören ebenfalls eine Vorburg und ein weitläufiger Park, aber das Glanzstück war Schloss Drachenburg selbst. Das Düsseldorfer Architektenbüro Tüshaus & von Abbema hatte die Pläne geliefert, Leo von Abbema (1852–1929) war der Schwager von Bernhard Tüshaus (1846–1909), beide hatten kurz zuvor den Schlossbau Ahrental bei Sinzig entworfen. Wesentlich beteiligt war später Wilhelm Hoffmann (~1820–~1890), der zwar am Kölner Dom seine Laufbahn begonnen hatte, aber zeitig nach Paris gegangen war und dort an der Hauptstadt-Modernisierung unter Georges-Eugène Haussmann Anteil gehabt hatte. In Paris dürfte Hoffmann den Bonner Finanzmagnaten kennengelernt haben, nach der Drachenburg baute er für den Baron Albert von Oppenheim die Kommende Ramersdorf zu einem schlossgleichen Sommersitz um.

Heute kann die Anlage der Drachenburg über den Park, also von Süden her, erschlossen werden. Aber der vorgesehene Weg zum Hauptschloss führte natürlich über die Vorburg. Diese Ansicht gilt, und sie überfordert sogleich das Auge. Mögen anderswo eine symmetrische Entsprechung oder gar eine Spiegelachse Orientierung bieten, ballen sich hier unüberschaubar die Schloss-Burg-Einzelheiten: Giebel, Gauben und Erker, vor allem aber Türme und Türmchen. Und der oft unbedacht verwendete Begriff »Dachlandschaft« – bei Schloss Drachenburg hat er seine volle Berechtigung.

Der zinnengekrönte Nordturm, eine Art Bergfried, setzt den sichtbarsten Akzent. Er geht auf die Pläne Wilhelm Hoffmanns zurück. Die besondere Stellung dieses Bauteils wird auch dadurch betont, dass die relativ

Drachenburg, Vorburg

flache Kunsthalle – ebenfalls nach einem Entwurf Hoffmanns erbaut – ein Verbindungsglied zwischen diesem und dem Kernschloss darstellt. So ist die Anlage insgesamt nicht so kompakt, wie der erste Eindruck glauben macht. Zumindest an der Rheinseite zeigt sie sich als deutlich langgestreckter Bau.

Ein umfassendes Element gibt es dann doch. Es ist der Hochkeller mit dem schlichten Grau seiner Verblendung, auf dem die ganze Pracht fußen darf. Und die Fassade wechselt zwar durchaus lebhaft die Farbe, aber doch nur zwischen Beige und Rot. Im Gelbton sind die Mauerflächen gehalten, rot die herausgehobenen Architekturglieder.

Ins Auge fällt der ungewöhnlich üppige Skulpturenschmuck. Natürlich hat die Auswahl bei den überlebensgroßen Figuren programmatischen Charakter. Gleich links neben dem Eingang wacht Siegfried, und selbstredend windet sich ein Dache zu seinen Füßen. Es versteht sich, dass die Besucher dem Fabelwesen am und im Schloss noch häufiger begegnen werden.

Die Südfassade ist Kaiserseite. An der Spitze eines gedachten Herrscherdreiecks thront Caesar. Zwar gehört er genaugenommen nicht dorthin, doch auf seinen Namen geht das deutsche Lehnwort »Kaiser« zurück. An der Basis stehen, durch einen Erker getrennt, Karl der Große und Kaiser Wilhelm I., Ersterer als Begründer des Alten Reiches, Letzterer als Begründer des Neuen. Diese Gestalten aus Sage und Geschichte sind Arbeiten des Bildhauers Peter Fuchs (1829–1898), der für den Kölner Dom die stolze Zahl von rund 700 Plastiken schuf.

Von unten hinaufschauend hat es der Betrachter ohne Fernglas schwer, die vier Figuren im Zinnenkranz des Nordturms zu würdigen. Dabei sind sie die eindrucksvolleren Schöpfungen. Wilhelm Albermann (1835–1913), dessen bekanntestes Werk wohl das Doppelbildnis von Franz Ferdinand Wallraf und Johann Heinrich Richartz ist, das vor dem Kölner Museum für Angewandte Kunst steht, versammelt in diesem Figurenensemble die Schönen Künste, lässt eine jede in einem herausragenden Repräsentanten Gestalt annehmen. Gerhard, der erste Kölner Dombaumeister, steht für die Architektur, der Nürnberger Peter Vischer für die Bildhauerei, als Malerfürst thront Albrecht Dürer, Wolfram von Eschenbach, Autor des mittelhochdeutschen Versepos *Parzival*, hat eine Doppelrolle inne. Er zupft die Leier, woraus sich mit aller Vorsicht schließen lässt, dass er neben der Poesie auch die Musik vertreten soll.

Die Gemälde im Schloss Drachenburg und die Zeit nach Stephan Sarter

Was die Skulpturen außen, sind die Monumentalgemälde im Inneren. Leider haben sie am stärksten gelitten. Denn die weitere Geschichte von Schloss Drachenburg ist weniger glanzvoll. Wie manch anderer Po-

Drachenburg, Luftbild der Westseite

tentat hat auch Sarter seinen Prunkbau nur besucht, aber nie bewohnt.

Was ihn gegen Ende seines Lebens bewog, die Immobilie zum Kauf anzubieten, bleibt ungewiss. Jedenfalls hat er seinen Besitz schuldenfrei vererben können. Später kam das Schloss unter wechselnden Eigentümern und/oder Nutzern immer mehr herunter. 1960 stand es leer und sein Abriss wurde erwogen.

Dass Schloss Drachenburg doch erhalten blieb, ist dem Textilunternehmer Paul Spinat (1904–1989) zu verdanken. Der Exzentriker war ein dankbares Opfer für den Gesellschaftsklatsch zwischen Bonn und Königswinter. 1971 kaufte er das Anwesen, diese ideale Bühne für einen Selbstdarsteller, und ließ es auf eigenwillige Art und Weise umgestalten. Aber Spinat hat das Ensemble eben der Nachwelt bewahrt. Und 1981 wurde Schloss Drachenburg, obgleich Privatbesitz, tatsächlich unter Denkmalschutz gestellt.

Von besonderer Kühnheit zeugt Spinats Entschluss, die klaffenden Wunden bei der Wand- und Deckenmalerei des Schlosses schließen zu lassen. Allerdings sträubten sich den Vertretern der Denkmalpflege die Nackenhaare, als der Bonner Maler Peter Tutzauer (geb. 1949) ans Werk ging. Überhaupt kam von hoher kunsthistorischer Warte ein vernichtendes Urteil: die Wandbilder »hundsmiserabel«, die alt-neuen Glasfenster »eine elende Murkserei«, die angeschafften Möbel »Krimskrams«, »wahllos zusammengesucht«.

Was Tutzauers Arbeiten anging, blieb dem Amt für Denkmalpflege nichts anderes übrig, als die Flucht nach vorn anzutreten. Auch seine kesse 1970er-Jahre-Malerei hat nun Denkmalwert, ist Teil der wiedergewonnenen Bilderfülle. Sie kann hier nicht im Einzelnen gewürdigt werden, aber einen kurzen Blick ins Vestibül und das Haupttreppenhaus wollen wir dennoch werfen. Hier ging es offensichtlich um ein vaterländisches Programm mit rheinischem Zungenschlag. Leider sind die Märchenbilder »Schneewittchen« und »Dornröschen« verloren, aber ihre Aussage bleibt doch gegenwärtig. Die schlafenden Gestalten erwachen und dieses Erwachen gilt dem Deutschen Reich. Das Gemälde Friedrich von Kellers »Die Überführung des Grundsteins zum Kölner Dom vom Drachenfels« nutzt ein (fiktives) historisches Ereignis, um darin die zeitgenössische Politik zu spiegeln. Es entstand 1884, also vier Jahre nach Fertigstellung der Kathedrale. Der Genius loci ist hier ebenso gegenwärtig wie der vollendete Kölner Dom als Nationaldenkmal.

Auf einem Bild hat sich Sarter selbst verewigen lassen. Heinrich Heim (1850–1935), der auch an der Ausmalung von Schloss Neuschwanstein beteiligt war, konterfeite den Bauherrn als Ritter von Drachenfels. Hoch zu Ross und hochgereckten Armes schwenkt er den Helm, dass der Helmbusch weht. Sein feuriger Gruß gilt dem jungen Paar bei der »Hochzeit eines Kölner Patriziers mit einer englischen Fürstentochter im Jahre 1201«.

Auch dem Nibelungenzimmer hatte die Zeit stark zugesetzt, seine Wiederherstellung kostete besondere Mühe. Es ist ein relativ kleiner Raum, aber ein Blick auf den Grundriss zeigt, dass er das Zentrum des Kernbaus bildet.

Der Landschaftspark von Schloss Drachenburg

Zum Schloss gehört ein Park, der seit 2011 wiedergewonnen ist. Und er erstreckt sich auf einer stattlichen Fläche von zehn Hektar. Wer ihn entworfen hat, bleibt unbekannt, aber auch seine Anlage wurde aufwendig geplant. Die Rekonstruktion hat einige Mühen gekostet, denn mit seinem Erscheinungsbild wurde noch laxer umgegangen als mit dem Schloss selbst. Außerdem hat die Natur ihren eigenen Kopf – der unverständige Mensch nennt dies »wuchern« –; jedenfalls nimmt sie keine Rücksicht auf Sichtachsen und Freiflächen.

Obwohl eine robuste Mauer die Terrasse deutlich gegen den Park absetzt, ist sie der Mittler zwischen Schloss und Offenland. Zur Stadt und zur Vorburg hin fällt sie deutlich schmaler aus, doch umgreift sie den Bau vollständig. Im Osten wie im Westen führen breite Treppen in den Park hinab, die zum Hang hin ist sehr viel aufwendiger, fast zeremoniell gestaltet. Rheinwärts befindet sich das Blumenrondell, respektlos »Tortenbeet« genannt, oben zwischen dem Doppellauf, nach Osten hin, liegt es vor der Freitreppe, also schon auf Parkebene.

Nur wenig tiefer ist der Terrasse nach Süden ein eigens ummauertes Quadrat vorgelagert. Seine Freitreppe zur Terrasse flankieren zwei vergoldete Hirsche. Selbstverständlich tragen die beiden ein prächtiges Geweih, und so wird der hiesige Zitate-Reigen sogar um das gängige Attribut eines Jagdschlosses bereichert.

Die Gartenterrasse selbst aber schlägt einen beschaulichen Ton an. Eine Baumreihe schützt ihren Innenraum gegen den rauen Ostwind. Im Rasenstück plätschert ein mehrschaliger Brunnen, aus dessen Mitte eine Säule emporsteigt. Den beiden Hirschen zum Trotz wird sie nicht von Diana, also der römischen Jagdgöttin, sondern von einer Venusstatue bekrönt. Und obgleich die versteckten Nischen fehlen, darf dieses Geviert als Lustgarten gesehen werden. Ein besonders anmutiges Plätzchen ist es auf jeden Fall.

Zur Zeit des Schlossbaus wurden Elemente des Architekturgartens in die Entwürfe der Landschaftsparks einbezogen, die eine ideale Natur vorstellen sollten. Hier wird besonders deutlich an die barocke Tradition angeknüpft. Das auffälligste Element ist im Fall von Schloss Drachenburg die Ulmenallee, die sich vom Bergtor schnurgerade bis unter die östliche Hangmauer zieht. Auch sie war schon vom Parkschöpfer vorgesehen, doch das Ulmensterben machte ihren Bäumen den Garaus. Gottlob konnte eine Ulmensorte gezüchtet werden, die gegen den Verursacher aus dem Reich der Pilze resistent ist.

Der Wiesenplan nächst dem Schloss ist mit exotischen Nadelgehölzen bestückt. Da sie aus der Zeit der Erstanlage stammen, also rund 130 Jahre alt sind, befinden sich darunter prächtige Exemplare, etwa eine Blaue Atlaszeder, die Mammutbäume oder die Scheinzypressen. In den schlossferneren Partien geht der Park in Wald über, hier wurde den einheimischen Laubbäumen der Vorzug gegeben. Da sich aus den ursprünglichen Baumgruppen imposante Solitäre herausgebildet haben, stehen sie in ihrer ganzen Pracht für sich allein. Bis zum Felsenmeer (s. S. 14) hinunter winden sich die Wege nach den ursprünglichen Plänen. Immer wieder öffnet sich ein Blick ins Rheintal, und vielleicht sogar mehr als die Burg selbst ist dieser Park ein Teil von dessen Zauber.

»Naturschutz hat Geschichte« – die Vorburg von Schloss Drachenburg

Dass der Bürger Sarter beileibe keine Villa, sondern ein wirkliches Schloss bauen wollte, davon zeugt die Vorburg. Für diesen Auftakt hat sich nie der Name »Vor-Schloss« eingebürgert, zu deutlich war hier die bauliche Reminiszenz an die ritterzeitliche Vergangenheit. Ländliche Adelssitze nutzten die Vorburg meist für Remise, Stallungen und

Scheunen, ihr wehrhaftes Äußeres täuschte darüber hinweg, dass im Innenhof die Landwirtschaft das Erscheinungsbild bestimmte. Auch auf Schloss Drachenburg wurden hier die Kutschen untergestellt. Und dennoch konnte es dem Bauherrn selbst im Falle der Vorburg gar nicht Schloss genug sein: Wie sonst nur das Hauptschloss, hat sie drei Flügel.

Die Vorburg erlebte ein noch wechselvolleres Schicksal als Schloss Drachenburg selbst. Der Bau war derart ramponiert, dass er amtlicherseits als unbebautes Terrain geführt wurde. Doch noch vor der Sanierung des Hauptschlosses war für ihn eine neue Verwendung gefunden. Schon 2002 wurde hier das Museum zur Naturschutzgeschichte in Deutschland eröffnet.

Ein Museum mit diesem Thema an diesem Ort ist eine glückliche Fügung. Schließlich hatte gerade der Drachenfels eine Vorreiterrolle innegehabt. Zwar ist er nicht das älteste Naturschutzgebiet Deutschlands, wie immer noch hartnäckig behauptet wird, aber er steht für die ersten erfolgreichen Proteste gegen den Verbrauch von Landschaft.

Selbstverständlich steht im Museum das Siebengebirge im Mittelpunkt. Die regionale Perspektive weitet sich jedoch zu einem Überblick über den Wandel der Kulturlandschaft. Lange Zeit hindurch war Naturschutz eine Sache von Enthusiasten, die sich oft genug vergeblich für ihr Anliegen einsetzten. (Auch insofern ist das Museum ganz auf der Höhe der Zeit.) Beispielhaft für das frühe Engagement werden hier die Vogelschützer gewürdigt. Im Kinosälchen wird ein Film zu »Naturschutz in der Stadt« gezeigt, einem Thema, das in der letzten Zeit immer mehr Aufmerksamkeit findet. Die anspruchsvolle, einfallsreiche Ausstellung verschweigt selbst dessen heikle Aspekte nicht, also die völkischen Wurzeln des Naturschutzes. Zum Museum gehören außerdem eine Bibliothek und ein Archiv. Hier werden auch die Dokumente heutiger Naturschützer aufbewahrt.

In der Vorburg gibt es außerdem ein Café; einen ganz eigenen Akzent setzt das moderne Glasdach über dem Hof. Es ist nicht direkt eine Kuppel, aber doch deutlich gewölbt. So bleiben bei den hier ausgerichteten Feiern alle Gäste im Trockenen. Und zeitgleich mit der Brückenauffahrt über Drachenfelsbahn und Drachenfelsstraße wurde der ursprüngliche Vorburg-Zugang wiederhergestellt, er gestattet den Besuch »auf Augenhöhe«.

Patriotische Hochformate – die Drachenfelsobelisken

Schloss Drachenburg bietet sogar Gelegenheit, die Brücke zu den Drachenfelsdenkmälern preußischer Provenienz zu schlagen. Offenbar geriet auch der findige Stephan Sarter in den Krisenjahren unter Druck. 1888 bot er sein Schloss Drachenburg dem Staat zum Kauf an: Es sollte zur »Kaiser-Wilhelm-Burg« umgewidmet werden. Der Plan wurde aufgegeben, ebenso wie das spätere Vorhaben, ein Denkmal für den ersten Hohenzollern-Kaiser im Siebengebirge zu errichten. Dieses kam schließlich nach Koblenz an die Mündung der Mosel in den Rhein, das spätere Deutsche Eck.

Bleiben die – mehr oder weniger gut – erhaltenen Denkmäler. Auf dem neu gestalteten Drachenfelsplateau liegt der neun Meter hohe Obelisk ein wenig abseits, dafür sticht er durch seine Fremdheit heraus. Es lohnt sich, seine Geschichte bis zu den Ursprüngen zurückzuverfolgen. Sie gehört zum Drachenfels – auch als touristische Attraktion.

Das erste Denkmal wurde schon im Oktober 1814 hier aufgestellt. Es ehrte jene Landsturmmänner, die sich um Königswinter zusammengefunden hatten, um nach der Völkerschlacht bei Leipzig gegen die »welschen Besatzer« aufzustehen. Die Gruppe trug den stolzen Namen Banner des Siebengebirges, zu ihren Mitbegründern gehörte der preußische Offizier Ferdinand Wilhelm von Boltenstern. Wie mancher seiner namenlosen Mitstreiter starb er am 3. Januar 1814 bei dem Versuch, die Franzosen aus Köln zu vertreiben. Am selben Tag scheiterten die Angehörigen des Banners, die das linke Rheinufer von Nonnenwerth aus zurückerobern wollten. Auch ihr Anführer, der Steinhauermeister Johann Joseph Genger, ließ dabei sein Leben.

Ihr Kampf fand ein deutschlandweites Echo, das erste Denkmal am Drachenfels war diesen Landsturmfreiwilligen gewidmet. Es lag nahe, dass die Burschen der Bonner Universität am Denkmal ihre vaterländischen Feste feierten; das Heine-Gedicht »Die Nacht auf dem Drachenfels« (s. S. 48) knüpft daran an. Das Gedenken an eine Initiative von unten wurde der preußischen

Staatsmacht bald unheimlich. Sie verbot die Feiern. So kam es ihr nicht ungelegen, dass die Stifter des Denkmals mehr auf die Botschaft und weniger auf die Qualität des Materials geachtet hatten: Der Obelisk bröckelte und wurde 1843 abgetragen.

Doch bald bemühte sich eine Initiative um eine neue Gedenkstätte. Sie hatte Erfolg, nur kam der Landsturm dabei zu kurz. König Friedrich Wilhelm IV. hatte einen ansehnlichen Geldbetrag gegeben, sich dafür aber ausbedungen, dass sein Name und Wirken gewürdigt würden. Die neogotische Säule von 1857 erinnerte nun an eine Kirchturmspitze, geschaffen hatte sie der Kölner Dombaumeister Zwirner. Auf ihr stand zu lesen: »Neu errichtet im dankbaren Rückblick auf die 42 Friedensjahre unter der gesegneten Regierung Friedrich Wilhelms IV.« Zur Erinnerung: In diese »Friedensjahre« fielen die blutigen Barrikadenkämpfe und die niedergeschlagene Revolution von 1848.

Auch dieses Gedenken war schon 15 Jahre später durch die Unbeständigkeit des Steins bedroht. Die Ertüchtigung des Denkmals ging mit einer inschriftlichen Hommage an den aktuellen Herrscher einher: »Um die Erinnerung dauernd zu erhalten aus festem Gestein erneut nach Wiederherstellung des Deutschen Reiches durch den ersten Kaiser Deutschlands Wilhelm König von Preußen.« Dieses Denkmal steht noch heute.

Landsturmdenkmal auf dem Drachenfelsplateau, Stahlstich, Christian Hohe, 1857/58

Kleiner Nachtrag zur denkwürdigen Denkmalgeschichte: Im Bereich der Burgruine hat auch das erste Landsturmdenkmal seinen Platz gefunden. Es ist allerdings eine verkleinerte Replik, die von den Nachfahren des Majors Boltenstern gestiftet wurde. Der Obelisk trägt die ursprünglichen Inschriften, außerdem eine Tafel »Zur Feier der hundertjährigen Erinnerung an die Befreiungskriege«. Mit dem 2. Mai 1914 ist auch das exakte Datum der Aufstellung festgehalten. Bis zur Ermordung des österreichischen Thronfolgers und damit dem Anlass zum Ersten Weltkrieg sollten keine zwei Monate mehr vergehen.

Burg(-ruine) Drachenfels

Oben steht ein festmontiertes Fernglas, aber selbst den damaligen Burggrafen wird es nicht vorrangig um die Aussicht gegangen sein. Schon der Berg selbst ist eine (Vulkan-)Ruine, von der Burg ist noch weniger übrig geblieben. Doch vielleicht trennt sich ja auf dem Drachenfelsplateau die Spreu vom Weizen: Wer über die Plattform bergauf will, erweist dem ältesten Drachenfelsbauwerk Reverenz.

Sicher, der Drachenfels wäre auch ohne Burg ein besonderer Berg. Aber die Burg hat das Landschaftsbild geprägt. Und wenn nicht das Landschaftbild selbst, dann jedenfalls die Bilder der Landschaftsmaler. Der preußische Staatsminister von Hardenberg hatte zwar im Kanzleistil, aber sehr deutlich herausgestellt, dass »des Königs Majestät die Erwerbung des Drachenfelses von seiten des Staates hauptsächlich zur Erhaltung der auf demselben befindlichen, die dortige Rheingegend verschönernden Bau-Denkmale [...] zu beschließen geruht haben.« Paul Clemen (1866–1947), erster Provinzialkonservator der Rheinlande, nannte die Burg schlicht »die malerischste und bekannteste aller rheinischen Ruinen«.

Auch Clemen bezog seinen Superlativ nur auf die Oberburg und ihren Bergfried. Dabei hatte diese Wehranlage auch eine ausgedehnte Niederburg. Ihr Bau wurde lange dem 16. Jahrhundert zugeordnet, doch entstand sie wohl schon im Spätmittelalter. Jedenfalls wird sie 1345 ausdrücklich genannt.

Ihre Umfassungsmauer zog sich um das gesamte Terrain der Oberburg, besonders weit griff sie nach Norden aus. Im Gelände ist allerdings nur noch der östliche Ringbereich auszumachen. Die Mauerreste gleich hinter der Felspassage gehören zum äußersten Burgtor, daneben zeichnet sich die Ruine eines Turmes ab, der eigens diesen Eingang schützte. Im nördlichen Teil stößt ein gründlicher Drachenfelsinspizient auf ein Stück Mauerverkleidung mit sehr sorgfältig, fast kunstvoll behauenen Steinen. Ob die gesamte Niederburg so qualitätsvoll gebaut worden ist, lässt sich nicht mehr beurteilen.

Drachenfels, Postkarte mit dem Motiv des Malers Nicolai von Astudin

Drachenfels, Historisches Foto der Ruine

Es hat etwas von existenziellem Trotz, dass der Bergfried der markanteste Teil von Burg Drachenfels geblieben ist. Nun stützt ihn seit 1855 ein massiver Pfeiler, außerdem wurde der Turm zu Beginn des 20. Jahrhunderts überarbeitet. Dabei entstand auch der ebenerdige Zugang. Für den mittelalterlichen Bergfried war ein solcher Einlass tabu, schließlich bildete er die letzte Bastion gegen feindliche Eindringlinge.

Dennoch erlaubten die Überreste dieses Turmes sichere Rückschlüsse auf sein ursprüngliches Aussehen. Er steht teils auf einer gemauerten Unterlage, teils auf bearbeitetem Fels. Sein Grundriss von 9 x 10 Metern bildet nicht genau, aber doch annähernd ein Quadrat. Rund 19 Meter war er hoch und besaß, wie bei romanischen Bergfrieden Standard, drei Geschosse. Der Wehrgang hatte eine schützende Mauer in Brusthöhe, die Zinnen wurden später immer wieder einmal erneuert.

Die Höhe der Geschosse lässt sich an den erhaltenen Konsolen für die Balkendecken ablesen, sie unterschritt vier Meter nicht. Die Etagen müssen über Holzkonstruktionen miteinander verbunden gewesen sein, jedenfalls haben die Bauhistoriker vergeblich nach steinernen Treppen gesucht. Einzige Ausnahme: Vom dritten Geschoss zur Plattform ganz oben führen in der Mauer schmale Stufen.

Schon im zweiten Obergeschoss erlaubten die großen Öffnungen in der Mauer eine (noch) bessere Aussicht. Hier gibt es ein Zwillingsfenster mit Rundbögen aus der Bauzeit, die längsgeteilten Kastenfenster stammen von der Erneuerung im 15. Jahrhundert. Die Decke des Raums muss besonders tragfähig gewesen sein, schließlich hatte sie der erhöhten Belastung vom Wehrgang her standzuhalten.

Der mittelalterliche Eingang lag in der Westwand des zweiten Geschosses. Hier be-

Drachenfels, Blick aus der Vogelschau in den Bergfried

fand sich der recht komfortabel ausgestattete Rittersaal, dessen Westwand auch den Abortschacht aufnahm. Dieser Saal konnte beheizt werden, und die Dimensionen des Kamins rechtfertigen die Annahme, dass er den Raum über das burgenübliche Maß hinaus erwärmte. Die Denkmalpfleger haben auf den reichen Schmuck der Kaminwangen hingewiesen, sie fanden nach so vielen Jahrhunderten sogar noch Ruß-, also Gebrauchsspuren, im Rauchabzug.

Zweifellos wussten die Burggrafen, wie vorzüglich sich der Drachenfels von seiner Lage her eignete, den eigenen Machtanspruch darzustellen. Und mögen die spärlichen Überreste insgesamt nur noch wenig Aufschluss über das ursprüngliche Aussehen der gesamten Burg geben, alles in allem zeigt ihr Bergfried doch, dass sie eher der Repräsentation als Wehrzwecken diente. Darauf deuten auch die geringen Mauerstärken einerseits, die sorgfältig verlegten Steine und die Bossenquader andererseits hin. Dabei erstaunt, wie viel authentisches 12. Jahrhundert dieser Bergfried zu bieten hat.

Immer noch wehrhaft:
die Burgruine aus der Untersicht

Auf hoher Warte: Ausblicke vom Drachenfels

Eugene Isabey, »Nonnenwerth, Rolandseck, Siebengebirge«, Gouache nach 1848

Der Drachenfels wird nicht nur um seiner selbst willen besucht, sondern auch wegen der prächtigen Aussicht. Klares Wetter vorausgesetzt, reicht sie bis in die Eifel und den Westerwald. Und sie erstreckt sich bis zum Kölner Dom, der ja in seinem gotischen Originalbestand eine Art ausgelagerter Drachenfels war. Eine besonders enge kulturlandschaftliche Verbindung hat der Berg zur Insel Nonnenwerth und dem Rolandsbogen am anderen Stromufer, häufiger und nicht zufällig haben die Maler auch die Godesburg ins rheinromantische Panorama einbezogen.

Nonnenwerth

Die Sage verzahnt Rolandsbogen und Nonnenwerth, aber es ist kein Sakrileg, beide getrennt zu würdigen. Während die Insel Grafenwerth vom Drachenfels herunter kaum als solche zu erkennen ist, behauptet Nonnenwerth seine Rolle als Eiland souverän. Möglicherweise war es diese Abgeschiedenheit, die den Anstoß zur Gründung des dortigen Benediktinerinnen-Klosters gab.

Die Stiftungsurkunde des Kölner Erzbischofs Friedrich trägt das Datum vom 1. August 1126. Bis in ihren Wortlaut lässt sich das nur scheinbar klare »Roland« zurückverfolgen, seine früheste Form »Ruleicheswerd« bezeichnet die Insel, nicht den Berg oder die kurkölsche Burg, die zeitgleich über dem linken Rheinufer errichtet wurde. Dass sie den gleichen Stammnamen trug, ist nur zu vermuten, nicht zu belegen. Mit einem Roland, gar einem Ritter Roland, hat dieses »Ruleiches« sicher nichts zu tun.

Die Gründung des Klosters »auf Betreiben unseres ehrwürdigen Abtes Kuno von Siegburg« hat das, was gern eine »wechselvolle Geschichte« genannt wird. Alte Ansichten zeigen ganz andere Klosterbauten, doch 1773 machte ein Brand den Weg frei für eine Anlage aus einem Guss. Nikolaus Lauxen (1722–1791), Architekt und Baumeister in Koblenz, schuf einen vierflügeligen Komplex, der an seiner Nordwestecke die Kirche einbezog. Schon 1775 waren die Arbeiten abgeschlossen, sein klassizistisch geläuterter Barock gibt dem Bau einen schlossartigen Charakter.

Das Kloster aber sollte nur noch wenige Jahrzehnte bestehen. Zwar gab ihm der sogenannte Gnadenakt Napoleons eine Art Bestandsgarantie, doch nur, bis die letzte Nonne das Konvent verlassen habe. 1822 – das Rheinland war inzwischen preußisch – ging Nonnenwerth in Staatsbesitz über.

Die Anlage wurde gleich wieder veräußert, der Käufer eröffnete hier ein Hotel. Prominentester und eine Zeitlang auch anhänglichster Gast desselben war der Komponist Franz Liszt (1811–1889). Drei Som-

Nonnenwerth, Rolandseck und Drachenfels, Postkarte um 1900, rechts unter dem Rolandsbogen ist das Tempelchen im Garten des Herrn vom Rath zu erkennen

Henri Lehmann, Porträt Franz Liszt, 1839

mer hintereinander, von 1841 bis 1843, logierte er dort und soll sogar mit dem Gedanken gespielt haben, die Insel zu kaufen. Zum 30. Geburtstag des verehrten Maestro fand im Hotel eine rauschende Feier statt, später vertonte Liszt ein Gedicht auf die Insel. Im Autograf zur zweiten Fassung des Liedes »Nonnenwerth« (1858, Text von Felix von Lichnowsky) findet sich die Lisztsche Randnotiz: »Nonnenwerth ist zu sehr von Kölner und Bonner Philistern überfallen, um dass eine romantische Begeisterung noch zulässig sein dürfte.«

Das Inselhotel zog auch andere prominente Gäste an. Die Schwiegertochter Johann Wolfgang von Goethes, Ottilie, vernarrte sich dort 1832 in Charles Sterling, den Lord Byron (s. S. 45) wohl zutreffend einen »dämonischen Jüngling« genannt hatte. So galt ihr Stoßseufzer »Welch paradiesischer Aufenthalt« wohl nicht so sehr dem Eiland als vielmehr dem Liebhaber. Im gleichen Jahr besuchte James Fenimore Cooper, Autor der grandiosen Erfolgsbuchserie *Lederstrumpf*, die Insel. »Eine richtige Wildnis« nennt er sie und lässt vor dem geistigen Auge seines Briefpartners eine rheinromantische Idylle erstehen: »Vögel singen vor meinem Fenster, der Rhein glitzert zwischen den Inseln, der Bogen von Rolandseck wankt auf einer nahen Höhe und der Turm vom Drachenfels auf einer gegenüberliegenden.«

Die Hotelzeit blieb Episode. 1854 zogen wieder Nonnen in der Klosteranlage ein, diesmal Franziskanerinnen. Sie führen heute ein Gymnasium, das inzwischen auch Jungen besuchen können.

Der Rolandsbogen

Des Volkes ist die Sage,
es gab das Volk sie kund.
Drum, Rolands Bogen, rage
durch Volk und Dichtermund.

Ferdinand Freiligrath

Soweit es den Blick stromaufwärts angeht, tritt der Rolandsbogen als Aussichtspunkt in eine sehr heftige Konkurrenz zum Drachenfels. Von der einstigen kurkölnischen Burg ist wenig geblieben (wenngleich nicht so wenig, wie es beim ersten Aufstieg scheint). Ihre Zerstörung geht übrigens nicht auf die Truppen König Ludwigs XIV. zurück. Vielmehr wurde sie schon im Burgundischen Krieg 1475 derart heimgesucht, dass sie ihre militärische Bedeutung verlor.

Bis etwa 1607 saß hier noch ein Amtmann, aber dann ließ der Kurfürst Burg Rolandseck abbrechen. Viele Steine fanden eine Zweitverwertung. Die Chronik der Nonnenwerther Äbtissin Anna Beckerer vermerkt, eine erhebliche Menge habe dazu gedient, das obere Ende ihrer Insel zu befestigen. Und »die Jesuiter haben auch alldorten viele Stein brechen lassen, welche kommen sind zu ihrer Kirchen in Köln« (also St. Mariä Himmelfahrt). Zusätzlich beschleunigte die Natur den weiteren Verfallsprozess. Beckerers Chronik verzeichnet eine »schreckliche Erdbirstung« im Jahr 1673, auf das Konto des Bebens ging »auch ein Stück Mauren von Rolandseck, das sönsten nit hat können darnieder gerissen werden«.

Andreas Achenbach, Blick vom Rolandsbogen auf Rheintal und Siebengebirge, 1834

Rolandsbogen, vom Efeu »befreit«

Doch die Faszination des Ortes ist einem Bauteil zu verdanken, das kaum spektakulär genannt werden kann: dem Bogen. Um diesen hat sich Ferdinand Freiligrath (s. S. 50f.) besonders verdient gemacht. In der Nacht auf den 29. Dezember 1839 war die Arkade eingestürzt, und der Dichter setzte alle Hebel in Bewegung, diese Ikone der

Rheinromantik wieder erstehen zu lassen. Das Ergebnis seines Spendenaufrufs (»Ich steh und heische: Jeder einen Stein«) konnte sich wahrhaftig sehen lassen.

Nur eins hatte Freiligrath in seinem Eifer nicht bedacht: Die Burgruine war kein herrenloses Gut, sie gehörte der Prinzessin Marianne von Preußen. Nun blieb nichts anderes übrig, als »dem Frauenzimmer einen Fußfall tun«. Durch die Vermittlung der »Rheingräfin« Sybille Mertens-Schaaffhausen löste sich auch dieser Knoten, und kein Geringerer als der spätere Dombaumeister Ernst Friedrich Zwirner setzte den Wiederaufbau ins Werk. Am 10. Juni 1841 waren die Arbeiten abgeschlossen.

Und am 17. Juni 1914, zum 104. Geburtstag des Dichters und knapp vor Ausbruch des Ersten Weltkriegs, wurde das aufwendig gestaltete Denkmal für Freiligrath eingeweiht. Vor wenigen Jahren erneuert, ist es auf halber Höhe zum Gipfel wieder eine würdige Erinnerungsstätte für den »Retter des Rolandsbogens«.

Kaum zu glauben, aber solche Retter gibt es auch heute noch. Dank dem Einsatz Kurt Roesslers kann immer noch Wein vom Rolandseck gekeltert werden. Die Reben wachsen auf einem kleinen Hangstück unterhalb des gastronomischen Betriebs, wo Roessler auch den »Literarischen Weinberg am Rolandsbogen« anlegte. Und mag der Hang auch gerutscht, mag die Treppe ein Provisorium sein, wenigstens der Literatur können solche Ärgernisse nichts anhaben. Wie Freiligrath dem Bogen hat Guillaume Apollinaire Rolandseck ein Denkmal in Versen gesetzt (»In Rolandseck träumte ich auf dem grünen Ufer«). Apollinaire, der später ein Heros und Herold der Moderne, Freund Picassos und anderer Größen werden sollte, erlag seinerseits der Faszination dieses Ortes und schrieb: »In Rolandseck träumte ich auf dem grünen Ufer.« Der lyrische Ertrag seines rheinischen Jahres 1901/02 ist bedeutend, hinsichtlich der Menge an Gedichten – und deren Qualität sowieso.

Immer wieder einmal wurde dem Dombaumeister Zwirner unterstellt, er habe den Bogen nach den Bedürfnissen des rheinromantischen Fremdenverkehrs ausgerichtet, also seine Lage korrigiert. Der Blick in die Bauakten beweist jedoch, dass dem nicht so war. Dieser Bogen schaute seit eh und je Richtung Drachenfels, und nicht, wie es die Sage geboten hätte, auf Nonnenwerth.

Nur ist das Ganze eine doppelt müßige Spekulation. Der Bogen verleitet dazu, ihn als Fenster zu deuten, und lange wurde diese Funktion wie selbstverständlich vorausgesetzt. Aber ein Fenster war er nie. Vielmehr diente er als Stützglied und als solches der Standfestigkeit des Burgturms. Als die Wehranlage noch intakt war, gab er gar keinen Ausblick frei: Früher war sein Inneres eine Wand. Das Füllmaterial fiel jedoch im Laufe der Zeit heraus. So kam es zu der irrigen Vorstellung von seiner Funktion als »Fenster«.

»Es sind ja nicht die Steine, es ist ja nicht der Kalk und der Trass«, notierte Freiligrath, sondern »die gerettete Form des Bogens, die Fensterbrüstung (!), die herabsieht auf Nonnenwerth (!), – sie sind es, die die Sage festhalten, die den Rahmen bilden für die bleiche, trauernde Gestalt, die den Ort geheiligt hat.«

Und ganz gleichgültig, ob es sich bezüglich des Fensters nun um ein Missverständnis handelte oder nicht, die Sage war überaus populär. Einmal mehr trug Heinrich Heine (s. S. 48 ff.) dieser Volkstümlichkeit Rechnung. Sein Gedicht »Oben auf dem Rolandseck« schrieb er im Jahr 1820 auf die Rückseite einer Ansichtskarte, die an seinen Freund Fritz von Beughem ging. Das Werkchen muss im kindlich-leiernden Ton eines Abzählreims vorgetragen werden:

Oben auf dem Rolandseck
Saß einmal ein Liebesgeck,
Seufzt' sich fast das Herz heraus,
Kuckt' sich fast die Augen aus
Nach dem hübschen Klösterlein,
Das da liegt im stillen Rhein.
Fritz von Beughem! denk auch fern
Jener Stunden, als wir gern
Oben hoch von Daniels Kniff
Schauten nach dem Felsenriff,
Wo der kranke Ritter saß,
Dessen Herze nie genas.

Die Respektlosigkeit dieser Verse lässt den Schluss zu, dass die Geschichte vom Ritter Roland schon damals zu oft erzählt worden ist.

Der Godesberg und die Godesburg

Endlich steckt der Bergfried der Godesburg nicht mehr unter der Plane und die Außenhaut aus Weiberner Tuff zeigt keine Fehlstelle mehr. Damit haben Godesberg und der Godesberger Rheintaltrichter ihr Wahrzeichen wieder. Keine andere Erhebung im Umkreis macht Berg und Turm die überragende Stellung streitig. Sie hat manchen

Maler herausgefordert, eine Perspektive zu finden, die Drachenfels und Godesberg in einem Bild zu vereinen erlaubt.

Wie Drachenfels und Rolandseck ist auch diese aus Basalt bestehende Trichterkuppe durch den Siebengebirgsvulkanismus entstanden. Dieser setzte ja – wie eingangs bereits erwähnt – die Landmarken, lange bevor der Rhein seinen heute bekannten Lauf nahm.

Während sich bei Drachenfels und Rolandsbogen die Sage in den Vordergrund drängt, haben beim Godesberg annähernd handfeste Gegebenheiten den Vorrang. Die Archäologen konnten auf der Kuppe die Überreste eines spätantiken Wachturms ausmachen. Und wirklich war der Berg ja wie geschaffen, um die römische Rheintalstraße zu kontrollieren.

Allerdings bewegen wir uns auch hier auf dem Terrain der Spekulation. Caesarius von Heisterbach (~1180–nach 1240), Mönch und Novizenmeister dortselbst, überliefert die Namensform »Wudinsberg«. Dieses »Wudins-« sollte die Behauptung stützen, die Erhebung sei in germanischer Vorzeit ein »Wotansberg« gewesen. Dafür spreche auch, dass auf dem Godesberg ursprünglich eine Michaelskapelle gestanden habe. Denn vom Erzengel heißt es, er habe auch auf anderen Höhen die Nachfolge dieses heidnischen Gottes angetreten.

Nachweisen ließ sich auf der Kuppe ein alter Friedhof mit Gräbern, die aus karolingischer Zeit stammen. Und für einen Gottesacker ist eine Michaelskapelle nichts Ungewöhnliches, im Gegenteil. Als Beisitzer des Jüngsten Gerichts spielt der Erzengel im Totenkult eine ganz wichtige Rolle.

Bei Caesarius taucht die Namensform »Wudinsberg« nur beiläufig auf. Er will eine andere Geschichte erzählen, nämlich die vom Kölner Erzbischof Dietrich von Hengebach (~1150–~1224). Der Hengebacher habe dem Erzengel übel mitgespielt und auf dem Godesberg eine Burg errichten lassen. Die Kapelle musste ihr weichen, und damit wäre der heilige Michael, wenn nicht mutwillig vertrieben, so doch zumindest abgedrängt worden. Glaubwürdige Männer hätten gesehen und bezeugt, dass der Erzengel selbst vom Godes- zum Petersberg geflogen sei, in der Hand das Kästchen mit Reliquien aus seiner Godesberg-Kapelle. Die wollte er offenbar einem würdigeren Ort anvertrauen. Damit sprach Caesarius auch für die eigene Gemeinschaft: Die Kirche auf dem Petersberg gehörte den Heisterbacher Zisterziensern.

Als unwiderleglichen Beweis für das Sakrileg des Kölner Kirchenfürsten führt Caesarius weiterhin an, dass der Frevler bald danach aus seinem Amt vertrieben worden sei. Und wirklich, nur zwei Jahre, nachdem er 1210 die Arbeiten an der Godesberg hatte aufnehmen lassen, wurde Dietrich als Erzbischof abgesetzt. Für die Lehre, auf die Caesarius mit seiner Erzählung hinauswollte, war das eine schöne Pointe. Doch hängen Burgenbau und Absetzung eher nicht zusammen.

Konrad von Hochstaden (1205–1261), Dietrichs dritter Nachfolger im Amt, ließ die Burg erweitern, Erzbischof Walram von Jülich (~1304–1349) neben anderen Baumaßnahmen den Bergfried erhöhen. Er kam nun auf stattliche 32 Meter. Überhaupt erreichte die Godesburg im 14. Jahrhundert den Höhepunkt ihrer Bedeutung, zeitweilig diente sie sogar als Residenz der Erzbischöfe. Noch 1449 lagerte das kurkölnische Archiv im Bergfried.

Der Kölner Krieg brachte den abrupten Niedergang. Die Feste wurde von den Truppen des abtrünnigen Gebhard von Waldburg gehalten, der zum Protestantismus übergetreten war und aus dem Erzstift ein weltliches Territorium machen wollte. Schon sturmreif geschossen, wurde die Godesburg 1583 auf anrüchigem Weg erobert: Angeblich kamen die Krieger Ferdinands von Bayern durch den Abort. Danach wurde die Wehranlage nie wieder aufgebaut. Aber noch heute kann ihr Bergfried erstiegen werden und die Aussicht beeindruckt wie eh und je.

Und eine Michaelskapelle blieb dem Berg ebenfalls erhalten. Sie war als Ersatz für die ursprüngliche Kapelle gedacht und im Bereich der Vorburg (also in weniger herausgehobener Lage) erbaut worden. Sie war 1583 nur noch ein Trümmerhaufen, wurde jedoch wieder hergerichtet und konnte 1660 neu geweiht werden.

Das schlichte Äußere lässt nichts von der Prachtentfaltung im Inneren ahnen. Um 1700 haben der Vater und die beiden Söhne Castelli vor allem ihr Tonnengewölbe virtuos ausgeschmückt. Auf dem Hauptaltar wacht ein vergoldeter Michael, der das Flammenschwert schwingt. Unter seinen Füßen windet sich diesmal kein ausgesprochen tierhafter Drache, sondern ein Teufel mit menschenähnlicher Anatomie.

Im Schatten des Felsens I: Königswinter

Ortsgeschichte und Siebengebirgsmuseum

Um mit der einfachsten Frage anzufangen: Warum Königswinter? Weniger Schwierigkeiten macht der Namensteil »-winter«, auch wenn er nicht die Jahreszeit meint. Viel spricht dafür, dieses »-winter« als »Wingert«, gleich »Weingarten«, zu deuten. Das erinnert an die große Weinbautradition im Siebengebirge, die das Zisterzienserkloster Heisterbach wesentlich gefördert hat.

Königswinter, Rheinpromenade um 1900

Mehr Mühe macht das vorangestellte »Königs-«. Trotz des sauberen Genitivs kann der Weingarten eines Königs kaum gemeint sein. Immerhin: 1015 wird der Ort erstmalig erwähnt, bezeichnenderweise weil Kaiser Heinrich II. dem Bonner Frauenstift Dietkirchen ein Weingut schenkt.

Königswinter selbst dürfte aus dem Besitz der Pfalzgrafen ins Eigentum des Kölner Erzstifts gelangt sein, nachdem die weltlichen Herren ihre Burg auf dem (späteren) Michaelsberg an den kämpferischen Anno hatten abtreten müssen. Um 1300 gab es im Ort eine Pfarrkirche und eine Kölner Zollstelle, die erstmals 1291 erwähnt wird. Allerdings dürfte hier eher kein Rhein-, sondern ein Landzoll erhoben worden sein: Die heutige Königswinterer Hauptstraße war damals Teil einer wichtigen Handelsverbindung zwischen Basel und Nimwegen.

1311 nennen die Quellen den Ort Klein-Winter (»lucelen Winteren«), Königswinter heißt er ab 1342. Offenbar sollen beide Zusätze Verwechslungen mit dem linksrheinischen Oberwinter ausschließen. Leider ist damit immer noch nicht die Frage beantwortet, wie der Ort zu seinem König kommt, allerdings gibt es dafür (bisher) auch noch keine befriedigende Erklärung.

Ob die Lombarden, die etwa 1376 erwähnt sind, hier als Kaufleute tätig waren, bleibt ebenfalls unklar. Im 15. Jahrhundert ist Königswinter dann eine Minderstadt, also ein Gemeinwesen ohne eigenes Stadtrecht, das aber eine Umwehrung mit vier Toren besitzt. 1569 hat dieser Flecken rund 500 Einwohner, von denen ein erstaunliches Drittel Protestanten sind.

1583 kann die Mauer nicht verhindern, dass Königswinter erobert und gebrandschatzt wird. Im Kölner Krieg gegen den protestantischen Erzbischof und Kurfürsten Gebhard I. Truchsess von Waldburg machen hier spanische und bayerische Verbände vom Recht des Siegers ausführlich Gebrauch. Auch der zweite große Brand steht mit einem Krieg, dem sogenannten Pfälzischen Erbfolgekrieg, in Zusammenhang: Gegen den ausdrücklichen Willen König Ludwigs XIV. war der Wittelsbacher Joseph Clemens Fürstbischof von Köln geworden. Nun suchten französische Truppen das Erzstift heim und plünderten auch Königswinter. Im Jahr 1689, das überhaupt einen »Tiefpunkt rheinischer Geschichte« bezeichnet, liegen geschätzte zwei Drittel der Stadt in Schutt und Asche. So kann im 18. Jahrhundert entstehen, was manchmal »das barocke Kö-

Königswinter Blick von »drüben«, Historisches Foto, um 1900

nigswinter« genannt wird. Zum und vor das Fachwerk treten stattliche Steinfassaden, aber das alte, klein gerasterte Ortsbild bleibt. Mit den Gässchen zum Rhein hin lässt es sich selbst auf den aktuellen Plänen noch erkennen.

Das Verbot, am Drachenfels Steine zu brechen (s. S. 30ff.), bedeutete für den Ort harte Einbußen. Immerhin konnte, als diese Erwerbsquelle versiegte, der Tourismus für einen wirtschaftlichen Ausgleich sorgen. Seit 1827 machten hier die Dampfschiffe Halt. Nicht wenige Fahrgäste zog es zum Kloster Heisterbach, dessen Ruine ebenfalls den Ruf einer rheinromantischen Ikone erlangt hatte. In Scharen aber besuchten sie den Drachenfels. Angesichts der großen Nachfrage war es nur konsequent, dass 1883 die Zahnradbahn in Betrieb genommen wurde, die auf den Berg hinaufführte (s. S. 65 ff.). Seit 1870 war Königswinter dann an die rechtsrheinische Eisenbahnstrecke Köln-Frankfurt angeschlossen. Und die Rheinische Städteordnung von 1856 stärkte die Selbstverwaltung der Kommunen, sie wurde 33 Jahre später auch Königswinter verliehen.

Der Ort hatte eine hochgeschätzte Hotellerie, leider ist vom Glanz ihrer großen Häuser nurmehr ein Widerschein geblieben. Wie in anderen Städten am romantischen Rhein verleitete der Besucherstrom dazu, die Qualität des touristischen Angebots zu vernachlässigen. Es kam zu dem, was die Planer mit der Wendung »städtebauliche Defizite« vornehm umschreiben. In jüngster Zeit geht Königswinter energischer dagegen an und will auf hochwertigen Tourismus setzen. Auch insofern ist der »neue Drachenfels« (s. S. 7 f.) ein Aufbruchssignal.

Mit den Eingemeindungen 1968 legte die Stadt Königswinter gewaltig an Fläche zu. Hier, also beim Thema Drachenfels, soll es jedoch nur um den historischen Ort gehen, der die dichteste Verbindung zum Berg hat.

Und dieser Zusammenhang wird im Siebengebirgsmuseum auf hohem Niveau veranschaulicht. Der Anbau von 2010/11 brachte nicht nur mehr Ausstellungsfläche, sondern bot auch Gelegenheit, eine neue Konzeption zu entwickeln. Darüber soll jedoch der historische Kern des Gebäudes selbst nicht vernachlässigt werden. Dieses Bürgerhaus aus dem Jahr 1732 ließ Johann Peter Meurer errichten. Er war, wen wundert es, ein Unternehmer, der seinen Wohlstand dem Gesteinsabbau verdankte. Die vorgeblendete, repräsentative Fassade zur Kellerstraße hin ist allerdings nicht aus Drachenfelstrachyt, sondern aus dem Latit der gleich benachbarten Vulkanruine Wolkenburg gefertigt. Und anders als beim Drachenfels haben die Steinhauer diese Erhebung enthauptet, sprich um etwa 30 Meter niedriger gemacht. Deshalb versteht sich von selbst, dass die Überreste der Burg auf ihrem Gipfel verschwunden sind.

Ein heimatkundliches Regionalmuseum ist das Haus in dem ehrenwerten Sinne, dass es den ganzen Themenfächer der Region aufschlägt. Doch damit nicht genug – seine Präsentation geht weit über das hinaus, was von Einrichtungen dieser Art erwartet werden kann. Der Siebengebirgsvulkanismus findet sich hier ebenso intelligent dargestellt wie die vielfältige Nutzung der Gesteine.

Das gilt besonders für den Drachenfels. Hier werden Teile vom ursprünglichen Strebewerk des Kölners Doms gezeigt, die deutliche Altersspuren aufweisen. Gleich ins Auge fallen die Fehlstellen der herausgewitterten Sanidine. Für die filigranen Details an der gotischen Kathedrale eignete sich der Trachyt offenbar weniger. Sehr hübsch auch das originale Figürchen vom Kölner Rathausturm. Es stellt dem Können des Steinmetzen ein hervorragendes Zeugnis aus, hat aber einem Sanidinkristall sein Triefauge zu verdanken.

Wesentlich bereichert wurde das Museum durch die private »Sammlung RheinRomantik«. Ihre rund 500 Gemälde, Aquarelle und Zeichnungen bilden einen derart opulenten Fundus, dass im Siebengebirgsmuseum immer nur ein Teil ausgestellt werden kann; die Exponate stehen dann jeweils in einem thematischen Zusammenhang. Die Sammlung ist zu einem Markenzeichen des Hauses geworden. Ihre Werke zeigen das Siebengebirge, den Drachenfels und seine linksrheinische Nachbarschaft als Sehnsuchtslandschaft des 19. Jahrhunderts.

Stadtbild und Sehenswürdigkeiten

Ein historisches Zentrum hat Königswinter erst ganz spät ausgebildet. Die Stadt ist immer noch bestimmt durch die Hauptstraße. Und auch wenn die bunt behängten Gestänge vor den Billigläden irritieren: Hier stehen die meisten interessanten Häuser. Da lohnt ein kleiner Streifzug von Nord nach Süd durchaus.

Ebenfalls empfiehlt sich der ein oder andere Blick in die rheinwärtigen Gässchen. Zum Beispiel gleich im Norden, wo an der Ecke zur Tomberger Straße das ehemalige Hotel Zum Drachenfels den imposanten Schweifgiebel von 1730 der Hauptstraße zuwendet (Nr. 378/80). Hier liegt nur wenige Meter westlich davon das im Kern älteste Gebäude der Stadt: der Tomberger Hof. Dieser findet sich schon 1407 im Besitz des Burggrafen Godard von Drachenfels erwähnt. Der Winkelbau an der Straßenseite macht jedenfalls mit seinen beiden unteren Geschossen einen äußerst wehrhaften Eindruck. Im 18. Jahrhundert kam der Aufsatz aus Fachwerk nebst Dach und Laterne hinzu. Fast von selbst versteht sich in Königswinter, dass dieser Hof auch über einen Weinkeller verfügte, zu dem hier breite Stufen führen.

Die bizarre Fachwerkfassade des Hauses Hauptstraße Nr. 390 (entstanden 1693) lässt rätseln, was hier wohl einen Bauherrn geritten haben mag. Bei der ursprünglichen Posthalterei zieht sich das Dach wie eine Schleppe weit nach links hinunter. Der niedrigere, offensichtlich angestückte Teil erklärt sich aus einem schmalen Durchlass zu einem Brunnen, der dann einfach überbaut wurde. Gleich nebenan (Nr. 392) liegt das Haus de Claer. Das massive Erdgeschoss stammt ebenfalls noch aus dem letzten Jahrzehnt des 17. Jahrhunderts, die großen Fenster mit dem gebogenen Abschluss, aber auch das Portal und die breite Durchfahrt geben Zeugnis davon, dass es sich hier um ein herrschaftliches Gebäude handelt: Als Statthalter verwaltete die Familie de Claer rund zwei Jahrhunderte lang das kurkölnische Amt Wolkenburg.

Nicht direkt in der Häuserflucht, aber doch an der Hauptstraße liegt auch die Pfarrkirche St. Remigius. 1779/80, also innerhalb kurzer Zeit, wurde sie errichtet, wohl anstelle eines romanischen Vorgängerbaus. Sie weist den Architekten Johann Georg Leydel (1721–1785) als gediegenen Meister seines Fachs aus. Ihr Barock ist klassizistisch ernüchtert, aber die östliche Schaufassade beeindruckt in ihrer souveränen Linienführung. Der vorgezogene Mittelteil mit den bis zum Dach geführten Wandpfeilern und dem Kreissegment-Giebel als Abschluss prägt das Erscheinungsbild. Keineswegs zur Alltagspraxis der Kirchenbaumeister gehört, dass der Turm dem Chor anhängt, sich also von der Hauptstraße her kaum geltend macht. Im Innern bewahrt die dreischiffige Halle noch einige Ausstattungsstücke aus der alten Kirche.

Zwei Häuser etwas weiter südlich haben Schaufronten, die deutlich ausgeprägtere barocke Züge tragen. Sie werden durch das Sterngässchen getrennt. So belehrt beim Haus Nr. 449 schon der Blick um die Ecke, dass die anspruchsvolle Werksteinfassade seines Obergeschosses nur vorgeblendet ist. Auch dieses Gebäude aus dem 18. Jahrhundert war ein Winzerhof, das plastische Relief über der Tür verbildlicht den Hausnamen »Im Rebstock«. Das »Haus im Stern« aus dem Jahr 1729 gleich daneben führt sein Hauszeichen an der Werksteinfassade. Sein Eingang ist nicht mittig, hat aber mit zwei Steinvasen auf dem Gesims doch einen Anflug von barocker Pracht. Beim Nachbarhaus (Nr. 453/455) ist die Fassade von 1780 wirklich nur Fassade. Hinter ihr steckt ein Neubau aus dem Jahr 1970.

Das stattlichste Fachwerk weist der Jesuiterhof (Nr. 458) auf, der schon außerhalb der Stadtmauer lag und im Kern noch aus den 1690er-Jahren stammt. Der Orden hatte ihn an einen Pächter vergeben, der die Pacht vor allem in Form von Wein begleichen musste. Die Baulichkeiten umschließen einen kleinen Innenhof, die Erdgeschosse sind zum Teil massiv ausgeführt. Der Wein lagerte in einem Gewölbekeller aus Trachyt, an der Rückseite besaß der Hof auch ein Kelterhaus. Das Anwesen hat eine bewegte Geschichte, wird aber schon seit 1967 als Weingasthof geführt.

Drachenfelsstraße und Rheinpromenade

Die Drachenfelsstraße heißt natürlich so, weil sie zum Drachenfels führt. Auf ihrem kurzen Stück zwischen Hauptstraße und Rheinpromenade kommt der Turm von St. Remigius zu seinem angestammten Recht, das Bild einer Kirche wesentlich zu prägen. Zum Strom hin hat sich auch die Stadtverwaltung niedergelassen. Ein eigentliches Rathaus, heute »Altes Rathaus« (Drachenfelsstraße 9), gibt es erst seit der Erhebung durch die Rheinische Städteordnung. 1892/93 konnte ein ehemaliges Wohnhaus bezogen, 14 Jahre später musste es erweitert und baulich angepasst werden. So zeigt die Fassade keine symmetrische Ordnung, obwohl der vorgezogene Mittelteil auf eine Spiegelachse schließen ließe.

Die kleine Freifläche vor dem derzeitigen Hauptgebäude war einst der Garten des ehemaligen Wohnhauses und wird Marktplatz genannt. Seine Aufgabe als urbanes Zentrum unterstreicht der Marktbrunnen (entstanden 1933). Die später geschaffenen Reliefs lassen keinen Zweifel daran, dass er ursprünglich dem Weinbau gewidmet war. Der Brunnen und sein plastischer Schmuck sind wiederum das Werk von Franz Josef Krings.

Ein eigentümliches Erinnerungsstück ist die Siegfriedfigur unter der Rathausarkade. Beide Füße auf den Drachen gestellt, ragt der Held in steil aufgerichteter Pose. Hoch reckt er beide Arme, die Fäuste ballen sich ums Schwert, die linke sogar um dessen Spitze. Jeder andere müsste sich diese Hand böse verletzen, aber nach dem Bad im Drachenblut war Siegfried ja am ganzen Körper unverwundbar (bis eben auf die bedenkliche Stelle unter dem Schulterblatt). Die leicht gespreizten Beine des Kraftpakets geben dem Drachen seinerseits Gelegenheit, einen Flügel im Todeskampf zu spreizen. Das lässt sich als letztes Lebenszeichen verstehen, denn die Zunge hängt dem Untier schon zum Halse heraus.

Auch dieser Siegfried stammt vom ortsansässigen Franz-Josef Krings, diesmal eine Arbeit in Holz, denn ein »Wehrmann in Eisen« sollte der Recke ja erst werden. Er steht hier seit 1915, »gestiftet vom vaterländischen Frauenverein zur Linderung der Kriegsnöte«. So ist es auf dem Sockel zu lesen, dessen Inschrift nachträglich angebracht wurde: Wegen »Verschandelung in der Besatzungszeit«. Zur Linderung der Kriegsnöte diente eine kleine Spende, von der Spendenbereitschaft sollten eingeschlagene Nägel zeugen. Im Idealfall wäre eine solche Figur völlig vernagelt, also mit einer Ganzkörper-Rüstung, versehen gewesen. Aber weil die Königswinterer wussten, dass der Sagen-Siegfried ohnehin unverwundbar war, schlugen sie – bis auf eine Ausnahme – ihre Nägel in den Drachen.

Gegenüber liegt das Haus Bachem, benannt nach dem Bauherrn Theodor Bachem. Auch er war ein Steinhauer und gehörte zur Gewerkschaft, die den Drachenfels gekauft hatte. Gern zitiert wird sein Satz aus einem Brief, den der Unternehmer an den Kölner Dombaumeister Friedrich Adolf Ahlert schrieb: »Um diese Steine [oben am Drachenfels, D. A.] zu erhalten, müsste auch nur der Turm hinweg geschafft werden«. Demnach sah Bachem im Bergfried eine Belanglosigkeit, die für den Trachytabbau kein ernsthaftes Hindernis darstellte (s. S. 30 ff.).

Der verputzte Werksteinbau von 1825, zwei Geschosse hoch, zur Straße hin mit sieben Fensterachsen, spricht den Betrachter gerade wegen seiner Schlichtheit an. Das Mansarddach kam 1910 hinzu, ebenso wie eine Art Wintergarten an der Rückseite des Hauses. Innen erinnert nach einer aufwendigen Sanierung allerdings nur noch wenig an den Ursprungsbau.

Der Besucher könnte auf die Idee kommen, hier sei die Mündung der Drachenfelsstraße in die Rheinallee zu einer Art Delta aufgeweitet worden: zu einer Freifläche, deren durchaus gelungene Inszenierung zum Besuch von Königswinter einlädt. Wenn sich nicht über dem fast feierlichen Entree das »Sealife« breit machte, das Aquarium. Nichts gegen seine Präsentation der ozeanischen

Unterwasserwelt, zumal auch ein Becken mit den Fischarten des Rheins zu sehen ist. Aber dieser Baukörper setzt dem Fass einer ohnehin gestörten Promenadenansicht doch die Krone auf.

Schön, dass noch einige Hotelbauten und Villen von Königswinter als rheinromantischem Sehnsuchtsort künden. »Mein Herz ist am Rheine, im heimischen Land« sang auch Wolfgang Müller (1816–1873), der seinem Namen ein »von Königswinter« hinzufügte. Sein Denkmal (1896 aufgestellt) schuf Otto Lessing (1846–1912), einer der bekanntesten Bildhauer des Historismus. Es hat derzeit einen wenig repräsentativen Standort am Südende der Rheinpromenade. »Welche Fülle goldechter Poesie, welche Wärme patriotischer Empfindung«, so begeisterte sich damals *Die Gartenlaube*, die erste deutsche Illustrierte, für die Verse Wolfgang Müllers. Von seinen Dichtungen ist heute die Ballade »Der Mönch von Heisterbach« die bekannteste.

Da selbstverständlich nur eine Seite der Rheinallee und -promenade bebaut ist, springen hier die Hausnummern nicht von gerade auf ungerade. Rheinallee 4, 5 und 6 bieten ein schönes Ensemble. Das Alte Fährhaus (Nr. 4) ist sogar ein Fachwerkhaus aus dem Jahr 1680. Einst stand es allerdings an der Hauptstraße, und schon seine Versetzung lässt ahnen, dass sein Inneres kräftig verändert wurde, zuletzt 1966. Wer auf der Terrasse dieses Fährhauses sitzt, hat einen freien Blick auf und über den Strom, und das ist immer noch ein Privileg.

Die Nr. 5 hieß einst Kölner Hof. Das Haus steht hier seit 1835, wurde aber 1912 um ein Geschoss und das Mansarddach ergänzt. Und wenn die vier mittigen Fensterachsen im Dach hinzugerechnet werden, hat der Bau sogar vier Geschosse. Aber trotz der Erhöhung und obwohl das Mansarddach jetzt optisch ein wenig zu kurz kommt, strahlt dieses ehemalige Hotel entschieden Noblesse aus.

Das tut auch das einstige Hotel Immenhof nebenan, das 1850/51 vom Königswinterer Carl Bachem erbaut und in den 1920er-Jahren verändert wurde. Der Immenhof ging aus einem Winzerhof hervor, die vier Flügel entstanden zu verschiedenen Zeiten. Doch offenbar wirkte hier wie beim Kölner Hof noch das Vorbild des preußischen Klassizismus nach, den der Oberlandesbaudirektor Karl Friedrich Schinkel etabliert hatte. An den Immenhof schließt sich ein Park mit altem Baumbestand an.

Beide Bauten liegen ein wenig zurück, auf ihren Böschungsmauern an der Rheinseite sitzt jeweils ein Pavillon, der rot gefasste beim Kölner Hof (1912) hat die Anmutung »maurisch« und ist eine hübsche Caprice.

Weiter stromabwärts steht das Hotel Loreley (früher Hotel Monopol, Rheinallee Nr. 12). Und wenn das Erscheinungsbild von Kölner und Immenhof durch vornehme Zurückhaltung geprägt ist, kann davon bei diesem Hotel keine Rede sein. Es ist ein Gründerzeitbau, wie er im Buche steht. Noch heute lässt sich nachvollziehen, dass es seinerzeit – 1895 wurde das Hotel eröffnet – das imposanteste Haus am Platz war. Allein der fünfgeschossige Turmanbau zur Klotz(!)straße hin spricht, obwohl um einige Bauschmuckdetails erleichtert, heute noch Bände. Und so nimmt es nicht Wunder, dass dort 1899 kein Geringerer als Kaiser Wilhelm II. seinen 40. Geburtstag feierte. Sein hoch gezwirbelter »Es-ist-erreicht«-Schnurrbart findet in diesem Prunkbau die angemessene architektonische Entsprechung.

Das Hotel Loreley im Grünerzeitstil

Ein weiterer Hotelbau ist der ehemalige Düsseldorfer Hof (Rheinallee Nr. 14/15). Er besteht aus zwei Gebäuden. Das ältere macht der Promenade Ehre und hat eine interessante Vorgeschichte. Der Heisterbacher Abt Hermann Kneusgen ließ es 1764 als Stadtresidenz und Gästehaus seines Klosters errichten, der stattliche Bau wurde ebenfalls

Ende des 19. Jahrhunderts aufgestockt. Das jüngere, neobarocke Haus von 1896 liegt weit zurück und eigentlich an der Tomberger Straße. An seiner Stelle befand sich einst ein Hof mit Bezug zu einer geistlichen Herrschaft, doch verschwand das Kommandanteurhaus des Malteserordens völlig von der Bildfläche.

Dass nicht alles zusammengehört, was zusammenliegt, ist eine städtebauliche Binsenweisheit. Aber manchmal lässt der räumliche Zusammenhang doch ins Grübeln geraten. Zum Beispiel im Bereich Rheinallee/Clemens-August-Straße, wo sich ein Park und der Jüdische Friedhof gegenüberliegen. Bis vor Kurzem gehörte die Anlage zur Villa Leonhart, heute ist sie eine öffentliche Grünfläche. Die Villa hinter den Bäumen hat den Wechsel von einer Gründerzeit- zur »Bauhaus«architektur hinter sich. Der radikale Bruch mit dem Schnörkelstil geht wiederum auf Franz Josef Krings zurück. Sein Entwurf favorisierte Kubus und klare Kante, er fand Ende der 1930er-Jahre den Beifall des NS-Politikers Robert Ley. Ley führte die Deutsche Arbeitsfront und hatte auch bei deren Ableger Kraft durch Freude das Sagen. Wie die Arbeitsfront das Berufsleben, sollte Kraft durch Freude die Freizeit der Volksgenossen kontrollieren. Königswinter verdankte der Organisation einen enormen Aufschwung beim Tagestourismus. Außerdem plante sie hier ein riesiges Erholungsheim, das Vorhaben scheiterte allerdings kriegsbedingt. Robert Ley nutzte die Villa Leonhart als Dienstsitz.

Auf der anderen Straßenseite liegt der Jüdische Friedhof von Königswinter. Begräbnisse auf diesem Friedhof sind seit dem 16. Jahrhundert nachzuweisen, auch die jüdischen Gemeinden von Oberdollendorf und Oberkassel setzten hier ihre Toten bei. Das Grundstück lässt sich in aller Unschuld als L-förmig beschreiben, aber diese Form entstand erst unter dem Horizont des NS-Regimes. 1933 hatte die Stadt die Schließung des Friedhofs beantragt, »weil er bei jeder Überflutung durch Hochwasser des an der gegenüberliegenden Straßenseite befindlichen Rheins eine Gefahrenquelle [...] bildet«. Ein Jahr später wurde er geschlossen und verkleinert. Heute verfügt er über eine würdig gestaltete Umfassungsmauer. Sie hat ihn vor Schändungen nicht bewahrt, ist aber doch eine Geste, die über eine bloße Totenehrung hinausweist.

Im Schatten des Felsens II: (Bad Honnef-)Rhöndorf

Auch für Bad Honnef soll die Regel gelten, dass der Bezug zum Drachenfels gewahrt bleibt. »Im Schatten des Felsens« liegt nur der Ortsteil Rhöndorf. Und wenigstens eine Randnotiz verdient die Tatsache, dass dieser seit 1835 eine besondere Beziehung zum Geschlecht derer von Drachenfels hat. Jedenfalls insofern, als der prächtige Grabstein Heinrichs, des letzten, 1530 verstorbenen Drachenfelser Burggrafen, seit 1835 zunächst an der hiesigen Kapelle stand und seit 1903 in die Turmseite der Kirche Mariä Heimsuchung eingelassen ist.

Schriftlich findet sich der Ort 970 als »Roonthorp« erwähnt. Die Bedeutung des Namens ist nicht gesichert, die meisten vermuten hier ein Rheindorf. 1555 gehörte Rhöndorf zum Kirchspiel Honnef, das wiederum dem Territorium der Herzöge von Berg und dort dem Amt Löwenburg zugeordnet war. Auch die Geschichte Rhöndorfs ist vom Weinbau geprägt, doch steht hier über allem der Name Konrad Adenauers, der dort von 1937 bis zu seinem Tod im Jahr 1967 wohnte.

Wer Rhöndorf von Süden her ansteuert, hat den Drachenfels gleich im Blick. Ebenerdig unübersehbar ist die Marienkapelle von 1716. Schon seit 1907 teilt sich um sie herum die Straße. So behauptet sich die kleine Andachtsstätte auf einer Verkehrsinsel, an deren Ufer statt Wellen die Abgase branden.

Als Bauherren und Bauleute des kleinen Gotteshauses nennt der Inschriftstein über dem Eingang »Wir Rhoendorfer Nachbaren«. Im Inneren blieb der barocke Altar erhalten, wenn auch die eine oder andere Putte durch Diebstahl verloren ging. Wie das Allianzwappen in seine virtuos geschnitzten Akanthusranken kommt, sollte einmal genauer erforscht werden: Schließlich verbindet es keine Geringeren als den damaligen bergischen Landesherrn, Kurfürsten Johann Wilhelm (»Jan Wellem«) von Pfalz-Neuburg und seine zweite Gattin Maria Anna Luisa de Medici. Das äußerst kunstsinnige Herrscherpaar gründete die Düsseldorfer Gemäldegalerie, deren Schätze die Enthusiasten aus nah und fern anzogen.

Das gediegene Fachwerkhaus gleich daneben würde mit der Kapelle ein schönes Ensemble bilden, doch leider hebt die Straße den Zusammenhang auf. Auch dieses Haus mit seinem teils massiven Erdgeschoss stammt aus dem 18. Jahrhundert, wurde aber im folgenden zu einer Gaststätte umgebaut.

Das imposanteste Fachwerk zeigt der sogenannte Domkapitel-Hof nur wenig weiter nördlich. Im Innern findet sich an versteckter Stelle die Jahreszahl 1601 eingeritzt, aber auch dieses Gebäude fiel 1689 den Truppen Ludwigs XIV. zum Opfer. Doch offenbar stand schon ein Jahr später der Kern des heutigen Gebäudes wieder, Erweiterungen kamen um 1750 hinzu. Zur gleichen Zeit kam der Hof – daher sein Name – in den Besitz des Kölner Domkapitels.

Damals gab es Anstrengungen, die Arbeiten am Dom wiederaufzunehmen. Neben dringenden Reparaturen wurden im Lang- und Querhaus der Kathedrale provisorische Gewölbe aus Holz eingezogen und sogar stuckiert. Insofern ist die Anmerkung interessant, dass der Erlös aus den Weinen des Winzerbetriebs der Dombauhütte zukommen sollte. Es blieb in Köln bei den Anstrengungen; überhaupt fragt sich, ob die Mannschaft am Dom die Bezeichnung »Bauhütte« überhaupt verdiente.

An der Drachenfelsstraße steht mit dem Haus im Turm das geschichtsträchtigste Bauwerk Rhöndorfs. Es entstand aus einer mittelalterlichen Wasserburg, wo die Ritter »von Roendorp« saßen. Später und zeitweise amtierten hier die Richter des bergischen Amtes Löwenburg, von denen einer seine Befugnisse überdehnte, indem er den Kaplan von Honnef erschoss.

Die Gebäude auf dem Anwesen erfuhren im Laufe der Jahrhunderte mehr oder weniger große Veränderungen. Einen wirklichen Einschnitt bedeutete der Umbau des Kerngebäudes in ein klassizistisches Herrenhaus während der 1830er-Jahre. Doch der Wohnturm blieb erhalten, wenn auch stilistisch ans Gesamterscheinungsbild angepasst. Um 1860 wurde eine Art Gewächshaus in einer Eisen-Glas-Konstruktion angefügt. Ein Eckpavillon folgte, der im Obergeschoss eine hübsch ausgemalte Kapelle hat.

Um die Jahrtausendwende überstand das Haus viele Eigentümerwechsel ziemlich unbeschadet. Seit 2009 ist es nun wieder in Privatbesitz, sein Restaurant bietet Plätze im alten Gewölbekeller und sogar in der

Kapelle. Von besonderem Reiz sind die Sitzgelegenheiten auf der Terrasse, denn sie leitet über zu einem Park mit höchst bemerkenswertem Baumbestand.

Aber wer wird es dem Autor verdenken, wenn er dennoch das Café Profittlich als Zentrum der Rhöndorfer Gastlichkeit preist? Schon die knarrende Holztreppe in die oberen Räume hat einen hohen Nostalgiewert. Und immer noch staubt hier das Modell eines Sessellifts vor sich hin. Die Liftidee hatte Konditormeister Peter Profittlich Senior selbst, schließlich versprach die enge Nachbarschaft von Café und Talstation kolossalen Zulauf für das eigene Etablissement. Und vielleicht hätte dieser Lift sogar die Drachenfelsbahn als Aufstiegshilfe auf den Berg aller Berge aus dem Feld geschlagen.

Gegen den Plan erhob allerdings der prominenteste Rhöndorfer seine Stimme. Nicht dass Konrad Adenauer wegen der Realitätsferne des Vorhabens protestiert hätte, ganz im Gegenteil. Er fürchtete den hohen Besucherandrang. So kam es zu einer heftigen Auseinandersetzung, in deren Verlauf sogar das Götz-Zitat auf den Seilbahn-Opponenten Anwendung fand. Noch die nachfolgende Profittlich-Generation pflegte die Abneigung weiter, ihr Oberhaupt Karl-Heinz gründete einen Rhöndorfer CSU-Ableger.

Das Wohnhaus Konrad Adenauers (1876–1967, Bundeskanzler 1949–1963) liegt zwar am Breiberg, also links vom Fonsbach und auf der »Drachenfelsseite« Rhöndorfs. Aber der gebürtige Kölner hat den Ort weltweit bekannt gemacht, wie kein anderer hat er dessen jüngste Geschichte geprägt. Auf dem neuen Teil des Rhöndorfer Waldfriedhofs, der sich wiederum auf der Drachenfelsseite befindet, liegt er begraben.

Das Haus Zennigsweg Nr. 8 bezog die Familie Adenauer im Dezember 1937, nachdem sie in der Löwenburger Straße über zweieinhalb Jahre zur Miete gewohnt hatte. Damals hatte Adenauer die erste Phase der Verfolgung durch die Nazis hinter sich, nach dem Attentat auf Hitler folgte eine erneute Verhaftung. Doch erlebte er das Kriegsende wieder in Rhöndorf.

Das geräumige Haus liegt in einem ehemaligen Weinberg, für Besucher geht es also recht steil bergan. Es ist heute eine »Gedenkstätte«; im ersten Stock, der nicht besichtigt werden kann, liegt Adenauers ehemaliges Arbeits- und Schlafzimmer. Vom Wohnzimmer aus geht der Blick über das

Bad Honnef-Rhöndorf, Haus im Turm

Rheintal nach Westen. Die Blickrichtung ließe sich auch programmatisch verstehen, unerschütterlich verfocht Adenauer als Bundeskanzler die Westbindung der Republik.

Es liegt bei diesem Hausherrn nahe, dass einige markante Daten zur jungen Republik auch mit dem Haus verbunden sind. Beispielsweise stellte die sogenannte Rhöndorfer Konferenz vom 21. August 1949 nicht nur die Weichen für eine künftige konservative Regierung, sondern auch für die Kanzlerschaft Konrad Adenauers.

Als dieser am 15. September 1949 das erste Mal Bundeskanzler wurde, war er 73

Jahre alt und hieß nicht nur im Volksmund »der Alte«. Seinem Einsatz war es wesentlich zu verdanken, dass sich das nahe Bonn als Bundeshauptstadt durchsetzte. Mit ungeheurer Zähigkeit verfolgte er seine politischen Ziele, nicht ganz freiwillig schied er am 15. Oktober 1963 aus dem Amt: mit 87 Jahren.

Neben dem Wohnhaus kann auch der Garten besichtigt werden. Adenauer ließ hier eine Bocciabahn anlegen, seine Leidenschaft für diesen Sport war legendär. Hier steht gleichfalls der Pavillon (1964), in dem er seine Erinnerungen niederschrieb. Unten auf dem Gelände befindet sich das Ausstellungsgebäude (1997), das Leben und Wirken Konrad Adenauers würdigt. Die Ausstellung selbst wird zurzeit neu konzipiert.

Mittelpunkt des Dorflebens ist das fachwerkgesäumte Ziepchen. Die Brunnenanlage könnte nach ihrer Erweiterung 2004 eigentlich das »-chen« im Namen streichen. Vielleicht würden so auch die Überlieferungen glaubhafter, die von den sagenhaften Kräften dieses Wassers im Umlauf berichten. Früher sprudelte hier die Drachenfelsquelle, noch heute schwört mancher Lokalpatriot auf ihr Wasser für den Tee. Von der ältesten Brunnenfassung (1844) stammt nur noch die Haube mit dem Pinienzapfen obenauf. 1949 wurde der Pfeiler erneuert, auffälligstes Detail ist der Kopf mit Flügelhelm. Diese Bedeckung wird meist vom griechischen Götterboten Hermes oder dem römischen Merkur getragen, doch bürgerte sie sich im 19. Jahrhundert auch für die Darstellung von Germanen und Galliern ein. Hoch im Kurs stand sie bei den Regisseuren von Wagners »Ring des Nibelungen«, und auf gallischer Seite ist Asterix das prominenteste Beispiel.

Von der Drachenfels- und der Löwenburger Straße führen Wege in die Weinberge. Als erste Station bietet sich das markige Ulanendenkmal (1925) an. Den Entwurf dazu lieferte Emil Fahrenkamp (1885–1966). Er galt als Architekt der rheinisch-westfälischen Industrie und leitete von 1937 bis 1946 die Düsseldorfer Kunstakademie. Für Rhöndorf entwarf er ein Objekt mit Anklängen an den Expressionismus. Es tendiert mehr zum Bau- als zum Bildwerk, sein Podest über kreisförmigem Grundriss schließt mit einer Aussichtsplattform ab. Über ihr sitzt ein gemauerter Zylinder, über dessen Gesims wiederum ein Gebilde, das sich von oben als Eisernes Kreuz zu erkennen gibt. Wer diesen Abschluss nicht einsehen kann, begnügt sich mit des-

Bad Honnef-Rhöndorf,
Wohnhaus Adenauers

sen Abbild aus Buchsbaum, das unterhalb des Denkmals die schräge Wiese schmückt.

Ungleich anmutiger wirkt ein turmartiges Häuschen, das seit 1919 weiter oben zwischen den Rebzeilen steht. Aber »Zierlichkeit« heißt nicht »Zierde« – es diente einem handfesten Zweck. Dort saß um die Lesezeit ein Wächter, der Wild und Vögel vertreiben, vor allem aber den Traubenklau verhindern sollte. Erfreulicherweise kommt dem Thema Wein in Rhöndorf inzwischen wieder mehr Bedeutung zu (s. S. 24 ff.). Heute sind einige Passagen durch Steinschlag derart bedroht, dass hier nach Meinung der Behörden aufwendige Sicherungsmaßnahmen nötig waren. Darunter leiden auch Winzer und Wanderer, die darin leicht eine späte Rache des Drachengeistes sehen können.

Starke Marke Drachenfels

Kein Zweifel: Der Drachenfels hat schon dank seiner Lage eine Vorrangstellung. Sie führte in der Vergangenheit dazu, dass man sich auf dieses naturgegebene Alleinstellungsmerkmal zu sorglos verließ. Noch heute bleibt hier manches zu tun, am nötigsten und wünschenswertesten wäre die Rettung des Burghofs auf der »Landseite« des Drachenfels. Und der Appell, mit den Belangen des Naturschutzes sensibler umzugehen, ist sicher auch nicht überflüssig.

Doch insgesamt wurde der Drachenfels während der letzten Jahre deutlich aufgewertet. Sichtbarstes Zeichen des Aufbruchs ist das Drachenfelsplateau, für dessen Erscheinungsbild sich die Regionale 2010, eine Strukturfördermaßnahme des Landes Nordrhein-Westfalen, so sehr engagiert hat. Auch das neue-alte Schloss Drachenburg mit Vorburg und dem wundervollen Park trägt entschieden dazu bei, dem Berg ein unverwechselbares Gesicht zu geben. Dritter im Bunde der wiedergewonnenen Attraktionen ist die Nibelungenhalle. Sie alle sind innerhalb eines erstaunlich kurzen Zeitraums erneuert worden, wenn er auch manchem Beteiligten immer noch zu lang erschien. Das ist unter dem Strich eine Leistung, die durchaus Respekt verdient. Und den Besuchern zweifellos zugutekommt.

Schließlich hat auch die Drachenfelsbahn samt Berg- und (besonders) Talstation gewonnen. Selbst in Königswinter ist manches geschehen, dessentwegen sich ein Besuch ruhigeren Gewissens empfehlen lässt. Es ist eben nicht leicht für eine Stadt, die knapp am Nothaushalt vorbeischrammt.

Umso wichtiger ist, in Zukunft nicht nachzulassen. Damit der Drachenfels bleibt, was er (heute wieder) ist: ein Leuchtturm im Erlebnisraum Heimat – und weit darüber hinaus.

Bildnachweis

Alte Nationalgalerie, Berlin: 51
Autor: 4
Buch- und Kunstantiquariat, Eurasburg: 60
Fotolia, Mitifoto: Cover (Drachenfelsbahn)
Geologischer Dienst Nordrhein-Westfalen: 11 (nach Cloos 1930/31, verändert)
Göhring, Klaus: 9, 91
Goethezeitportal.de: 36, 89
Hof, Bruno: 65, 73 (mit freundlicher Genehmigung der Nibelungenhalle, Königswinter), 75, 77, 92
Institut für Erzählforschung im Ruhrgebiet, Hattingen: 41
Jan Jonston, *Historiae naturalis de Insectis libri III, de Serpentibus et Draconibus libri II*, Frankfurt, 1653: Cover (Illustration Drache)
Kunsthalle Hamburg: 49
Matzke-Hajek, Günter: 47
Gregorius Mundus auf flickr.com: Cover (großes Foto)
National Portrait Gallery, London: 46
Regionalia Verlag, Archiv: 15, 16, 35, 43, 44, 53, 54, 71, 87, 105, Cover (Merianstich)
Rodenkirchen, Jochen: 22
Stadtmuseum, Bonn: 57, 93
Voss, Bernd: 12, 19, 20, 21
Wikimedia commons: ; D. Schuphan 23; Fizykaa 26; Eckhard Henkel 112; Elke Wetzig 117; Hagman 98; Hawobo Cover (Drache Nibelungenhalle); Leit 3; o.A. 17, 29, 30, 45, 59, 66, 70, 90, 95, 96, 97; MFSG 81; Schwing 25; Sir James 8, 67, 119; Stefan.lefnaer Cover (Goldaster); Tohma 32, 63, 64, 69, 79; unbekannt Cover (Ruine Drachenfels); Wolkenkratzer 120
Zeno.org: 103